国旗を見れば世界の歴史が分かる

1

円の直径が縦の５分の３の「日の丸」。1964年の東京五輪で使われた

2

円の直径が縦の３分の２の「日の丸」。1998年の長野冬季五輪で使用

3

イングランドの聖ジョージ旗

＋

4

スコットランドの聖アンドリュー旗

5

最初の「ユニオン・ジャック」。1707年～1800年に使用

＋

6

アイルランドの聖パトリック旗

7

日に至る「ユニ
」

※それぞれの国旗の番号は、本文の記述に対応します。
また、国旗の縦横比は原則として２：３を基準に統一しました。

8

オランダの国旗

9

オランダ東インド会社の社旗

10

独立当時のアメリカの国旗。州の数を表わした13星13条の「星条旗」。変形も複数あった

11

米英戦争当時は15星15条。次の改定から13条で固定された

12

ペリーは31星の「星条旗」を掲げて日本に来航。1851年から7年間使用された

13

1960年、現行の50星13条となり、月面にも立てられた

※上図12の星の配列は本文143ページの「ペリーの星条旗」と異なるが、当時は数だけが規定されていた。

14

清国の国旗「青龍旗」（1636～1912）。三角形でも用いられた

15

ノルウェーの国旗

16

フランスの国旗「三色旗《トリコロール》」

17

韓国の国旗「太極旗《テグキ》」

18

日本商船管理局旗

19

フィリピンの国旗

20

北朝鮮（朝鮮民主主義人民共和国）の国旗

21

中国の国旗「五星紅旗」

22

インドの国旗

23

1931年から独立まで使用されたインド国旗

24

1962年まで使用されたネパールの国旗。現行の国旗では顔が消えている

25

中華民国の国旗「青天白日満地紅旗」

26

フランス領インドシナの旗

27

タイの国旗

28

1895年から1963年までの英領ケニアの国旗

29

ケニアの国旗。マサイ族の盾と槍をあしらっている

30

1964年、東京五輪開会式で用いた英保護領北ローデシアの旗。ワシが魚をつかんでいる

31

閉会式の日にザンビアとして独立し、会場で用いた新国旗。ワシは魚を手放した

32

1964年の東京五輪で掲揚されたカナダ国旗

33

東京五輪から３カ月あまり後に改定された現行のカナダ国旗

34

独立戦争直後まで用いられたバングラデシュの国旗

35

1972年１月に採択されたバングラデシュの国旗。現在に至る

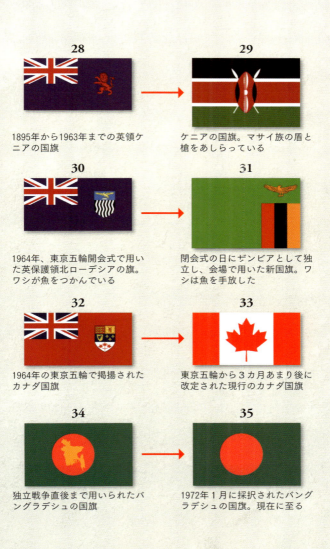

36

微調整はあったが、共産化(1948年)以降のルーマニア国旗

37

1989年、ルーマニアは独立当時の国旗に戻った

38

現行のドイツ国旗。1949年に西ドイツ国旗として制定された

39

1959年から1990年のドイツ再統一まで使われた東ドイツの国旗

40

1923年から1991年末のソビエト連邦崩壊まで使われたソ連の国旗

41

ロシア国旗。帝政ロシアで使われた旗に戻り、現在に至る

42

1910年から1993年までの南アフリカ国旗

43

1994年、人種差別撤廃を機に制定された新しい南ア国旗

44

現行の香港特別行政府旗「五星花蕊的紫荊花紅旗」

45

返還（1997年）までの香港旗「ブルー・エンサイン」

46

1977年～2011年、カダフィ政権時代のリビアの国旗

47

1951年～1969年、王政時代のリビア国旗。2011年に復活

48

2016年、国民投票で敗れたニュージーランド国旗の最終候補

49

現行のニュージーランド国旗

50

オーストラリアの国旗

51

オーストラリアで次の国旗として有力視されている「Southern Horizon」（SH旗）

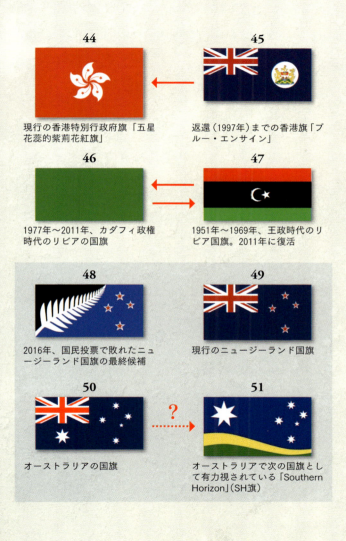

52

コソボの国旗

53

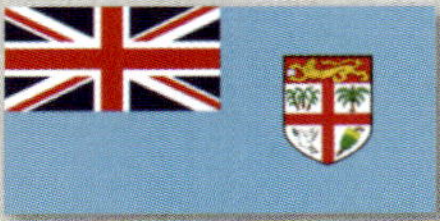

フィジーの国旗

54

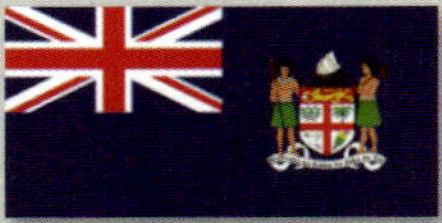

英国から独立以前のフィジーの旗

55

フィジーの国旗改定有力案

56

ヨルダンの国旗。中東に多い黒・緑・白・赤の配色

57

サウジアラビアの国旗。「コーラン」冒頭の聖句と刀が描かれている

リオデジャネイロ五輪開会式直前に国旗をチェックする筆者（2016年８月５日、マラカナン競技場で）

SHODENSHA
SHINSHO

国旗で読む世界史

吹浦忠正

祥伝社新書

はじめに

国連本部やオリンピックの会場など、世界の国旗が林立《りんりつ》して掲揚《けいよう》されている様子が、よくテレビや新聞の写真で紹介される。二〇二〇年の東京オリンピックには二〇五前後の国と地域から、選手・役員の参加が予定され、それらの国々の国旗との、さまざまな出会いとドラマがあるだろう。

筆者は小学生のときに世界の国旗に強い関心を抱いて以来、今日まで、さまざまな場面で国旗に出会い、関わってきた。一九六四年の東京五輪では、開催の二年ほど前から組織委員会の「国旗担当専門職員」を務めたが、当時はまだ大学生。在勤最年少のスタッフだった。その後、縁あって八四の国々を訪問、その都度《つど》、国旗から多くのことを学ばせてもらい、感動を得てきた。感謝に堪《た》えない。

実は、筆者はいつも国旗の図表を持ち歩いている。新幹線や飛行機の中で一つひとつを眺《なが》めていると、新たな発見というか、気づきがあるからだ。国旗の深さや面白さだけではなく、ここに至った各国の歴史や現状など、さまざまな出来事が思い浮かんでくるので飽きることがない。

世界の国旗は、それぞれにみな激動する国際・各国情勢の中で掲《かか》げられ、栄光と称賛、悲嘆と絶望などの現場に居合わせてきた。本書は世界の国旗についての基礎を学ぶとともに、国旗を通して、そんな世界史を見てみようというものである。

国旗は、その国を象徴している。しかも、高く掲げられ、美しく翻《ひるがえ》り、目につく存在である。そこには国家の主権はもちろんのこと、民族、政治、思想、宗教、産業、さらには動植物や世界遺産まで、さまざまな要素が込められている。

国の象徴であるがゆえに、オリンピックをはじめとするスポーツ大会や外国代表の歓迎会《レセプション》など、さまざまな場面でその取り扱いを誤れば、大問題にも発展しかねない。悲喜劇の主役となることも多いのだ。

二〇一六年のリオ五輪では、中国の「五星紅旗《ウウシンホアンギ》」でトラブルがあった。射撃、水泳、体操などの表彰式で掲揚された国旗で、大きな星の右側に描かれた四つの小さな星の向きにミスがあったのだ。

中国の国旗は大きな星が中国共産党を表わし、四つの小さな星は労働者・農民・小資産階級・愛国的資本家の四つの階級を示している。そして、小さな星のひとつの頂点が、大きな星の中心に向いていることで、人民が共産党の指導の下《もと》に団結することを象徴しているのである。それがみな上を向いているのでは、共産党から離れてしまう、異なる解釈になりかねない。リオの中国総領事館が組織委員会に抗議するという外交問題にまで発展してしまった。

二〇一六年八月、筆者も片道三〇時間のフライトで、南米ブラジルのリオデジャネイロ五輪に行ってきた。直接の関心は、国旗をどのように製作し、どう掲揚しているかを調べることだが、「国旗人生」の集大成のような気持ちだった。

リオのオリンピック公園ではためく全参加国の国旗の中に、チェコとロシアの国旗が逆さまであることに気づいたり、マダガスカル国旗のデザインがおかしかったりなど、筆者自身、一部に誤りや失敗を見つけたが、基本的にリオの組織委員会は、他の大会と比べても実に用意周到に国旗を準備していたことを評価したいと思う。ただ、それでもミスが起こるのだ。

ドーピングが原因で、ロシアがオリンピックへの参加人数を大幅に削減され、パラリンピックに全ロシア選手が参加資格を認められないという問題も起きたが、それでも規模といい、記録といい、南米初であることといい、リオ五輪は五輪史上に残る記念碑的な大会だったのではないだろうか。

二〇一九年のNHK大河ドラマは「オリンピックと日本人」がテーマの「いだてん～東京オリムピック噺《ばなし》～」（宮藤官九郎《くどうかんくろう》オリジナル脚本）に決まった。金栗四三《かなぐりしそう》と田畑政治《たばたまさじ》を中心に、日本が初めて参加した一九一二年のストックホルム大会から、一九六四年の東京大会までを描くという。その製作にあたり、筆者も何度かNHKのインタビューを受けた。

前回、一九六四年の東京五輪以来、国旗の専門家として関わってきた者として、オリンピックにはこれからもボランティアとして大いに協力するのが、自分の務めかなと心得ている。手始めにソプラノ歌手・新藤昌子《しんどうまさこ》さんとともに、東京・江東区の全七〇の小中学校で国旗と国歌の授業を始めた。

二〇一八年には平昌《ピョンチャン》（韓国）での冬季五輪、そして、二〇二〇年夏には五六年ぶりに東京で夏季オリンピック競技大会が開催される。国旗に関心を持てば、学校の授業が楽しみになり、日頃の報道番組がよく分かり、オリンピックがさらに楽しくなって、待ち遠しくなることだろう。

東京五輪開会式直前の筆者（1964年10月10日、国立競技場）

本書ではまず、序章で国旗についての基礎を説明したうえで、本編ではオリンピックをはじめ、近現代史における「国旗をめぐるドラマ」や「歴史的ドラマと国旗」を、六二の決定的瞬間としてとらえてご紹介したい。

ドラマだから、喜劇ばかりではなくときには悲劇もある。そんな史実に触れることで、あなたの国旗への関心や興味が深まり、国旗とそこに住む人々への理解を増して、新たな思いや親しみが湧《わ》いてくるものと思う。

そして六〇有余年も国旗を学び、考えて、なお新しい発見があることを喜んでいる筆者に多少とも共感してくださり、その喜びを共有していただければ、これほどの幸せはない。なお本書の執筆にあたり、㈱シルバーバックス・プリンシパルのご協力を頂戴した。記して感謝したい。

二〇一七年九月

吹浦忠正《ふきうらただまさ》

目次

コラム　東京・長野のオリンピックで異なった「日の丸」　31

第2部　国旗が語る歴史的瞬間　33

1　世界に冠たる「ユニオン・ジャック」完成　一八〇一年一月一日　34
2　出島――世界でほぼ唯一、オランダ国旗が翻《ひるがえ》っていた場所　十九世紀初頭　39
コラム　出島に復元されたオランダ国旗掲揚塔　42
コラム　太田《おおた》蜀山人《しょくさんじん》が見た「紅白旗翻百尺竿……」　44
3　オランダ国旗で偽装した英艦が長崎湾に侵入　一八〇八年一〇月四日　45
コラム　歴史に翻弄されたベネルックス三国　51
4　アメリカ国歌「きみ見ゆるや星条旗」の秘密　一八一二年九月一三日　52
5　英国旗焼却から起こったアロー号事件　一八五六年一〇月八日　57
6　初めて「日の丸」を掲げて訪米した咸臨丸《かんりんまる》　一八六〇年二月一〇日〜三月一七日　60
7　遣米使節団はブロードウェイで「日の丸」を見た　一八六〇年六月一六日　63

8 日本領を宣言して小笠原・父島に「日の丸」掲揚　一八六一年一月三日　66
9 軽気球に「日の丸」で歓迎された幕府遣欧使節団　一八六三年四月九日　71
10 旧幕軍は外国旗で欺《あざむ》いて砲撃――宮古《みやこ》湾海戦　一八六九年五月六日　73
11 「日の丸」を掲げた旧幕軍が降伏　一八六九年六月二七日　78
コラム　榎本を赦《ゆる》した明治政府　81
12 南極点に立てられたノルウェー国旗　一九一二年一月一七日　82
13 白瀬中尉が南極大陸に掲げた「日の丸」　一九一二年一月二八日　88
14 織田幹雄《おだみきお》、日本初の「金」で掲揚した国旗とは　一九二八年八月二日　93
15 金銀銅、「日の丸」が三つ上がったロス五輪背泳　一九三二年八月三日　96
コラム　掲揚塔の高さが織田幹雄の優勝記録を示す　101
16 ナチス旗の掲揚を拒否して一家で亡命　一九三八年ころ　101
17 歯舞《はぼまい》・色丹《しこたん》でも万国旗を飾って運動会　一九三七年と一九三九年　104
18 孫基禎《ソンギジョン》優勝で「日の丸」が消された　一九三六年八月九日　107
コラム　独立回復後の孫基禎　111

19 号外「敵首都の城頭高く感激の日章旗は飜る」 一九三七年一二月一三日 112
20 日独伊三国同盟の締結 一九四〇年九月二七日 114
21 パリ解放——エッフェル塔や凱旋門《がいせんもん》に三色旗《トリコロール》 一九四四年八月二五日 117
コラム アフガンで戦死した仏将兵の追悼式典 120
22 硫黄島《いおうとう》・擂鉢山《すりばちやま》の「星条旗」 一九四五年二月二三日 121
23 ベルリン陥落でドイツの議事堂にソ連国旗 一九四五年五月二日 126
24 朝鮮半島で「太極旗《テグキ》」が三五年ぶりに振られる 一九四五年八月一五日 129
25 降ろされた「日の丸」、同じ塔に「太極旗」 一九四五年九月九日 139
26 降伏文書署名式に掲げられた〝ペリー提督の星条旗〟 一九四五年九月二日 142
27 引揚者《ひきあげしゃ》が見た祖国の「日の丸」 一九四六年七月 147
28 占領下の日本では「日の丸」の掲揚が禁じられた 一九四五年九月以降 150
29 北朝鮮が独自の国旗を制定 一九四八年九月八日 153
コラム 北朝鮮国旗をデザインした人は? 155
30 天安門《テイエンアンメン》に翻った「五星紅旗《ウウシンホアンギ》」 一九四九年一〇月一日 158

31 「インド帝国」から、印パ両国に分離して建国　一九四七年八月一四日・一五日　161
32 口紅で描いた「日の丸」で乾杯　一九五一年九月八日　168
コラム　白の色合いも長野五輪で変えた　171
33 宿願達成――日本の国連加盟　一九五六年一二月一八日　172
34 世界最高峰・エベレストを征服　一九五三年五月二九日　174
コラム　なぜ彼は母国ニュージーランドの国旗を翳《かざ》さなかったのか　176
35 日本も続けとマナスル初登頂　一九五六年五月九日　176
36 逆《さか》さまに上がった中華民国国旗　一九五八年五月二五日　179
37 国旗掲揚で領土が決まったプレア・ヴィヒア寺院事件　一九六二年六月一五日　184
38 独立の歓喜の中、ケニア山頂で国旗掲揚　一九六三年一二月一二日　187
39 五輪聖火が沖縄到着、「日の丸」で大歓迎　一九六四年九月七日　192
40 五輪閉会式の日に新国旗――ザンビアの独立　一九六四年一〇月二四日　195
41 東京五輪直後に変更されたカナダ国旗　一九六五年二月一五日　197
42 有人月面着陸で残された「星条旗」は今　一九六九年七月一六日　198

第1部

国旗についての基礎知識

古代の「紋章」は、なぜ「国旗」になっていったのか

●古代の旗やシンボル

古来、旗は集団や国家の象徴、権威の具現化、所属の表示、到達すべき目標、儀式などでの装飾といった目的で使用されてきた。

左ページの図は、太古に栄えたさまざまな王国や帝国の旗印を描いたもの。部隊や所属先のシンボルではあっても、国旗とはいい難《がた》いものもある。図の左端（①）は、約三〇〇〇年前のエジプトで神の加護を求め、軍隊の所属を示す印を掲げた兵士。図のような隼《ファルコン》を戴《いただ》いた飾り棒《スタンダード》のほか、古代のエジプト人は布を織ったり染めたりする技術を持っており、それを活用した旗を使用していた。

次（②）がBC七〇〇年ころ、今のイラク付近に栄えたアッシリア（BC十三世紀〜BC六一二）の兵士である。一頭の牡牛や、二頭の牡牛が尻尾でつながっているさまを描いた円盤を掲げている。

この図にはないが、ギリシャでは都市国家ごとにそれぞれのシンボルを決めてい

さまざまな王国や帝国の旗印（William Crampton 'The World of Flags' Rand McNally）

た。アテネがフクロウ、コリントが天馬《ペガサス》、ビオティアが牡牛《タウルス》、テーベがスフィンクス、クレタが牛頭人身像《ミノタウルス》という具合である。

三番目（③）に描かれているのは二五〇〇年前のペルシャの旗印。象に乗っている（④）のはカルタゴのハンニバルがBC二一七年に掲げてローマに侵攻したときの様子だ。その手前（⑤）はローマの侵攻に対応した西欧のケルト人の旗印であるイノシシ。管《くだ》が付いていてホルンのような音を出したといわれている。

次（⑥）がBC一〇〇年ころのローマの部隊を示す旗。そして次（⑦）が預言者ムハンマド（モハメット）が西暦六三〇年、地中海沿岸や中東地区に版図《はんと》を広げたころのムスリム軍団の黒い旗である。ラクダに乗っているのもムスリムだが、こちらは剣を描いた旗を掲げている。そして最後の右下（⑧）は、鎧《よろい》をまとった十字軍の騎士。盾や衣装にさまざまな種類の十字を描き、各自のアイデンティティを示している。

●周の白旗が最古の国旗か

中国は旗が最も早く進化した地域である。最近の考古学や歴史学の成果によると、周《チヨウ》の開祖・武王《ウウワン》（BC十二世紀ごろ）が用いていた白い旗が、中国における国旗の最も古い使用例ではないかといわれている。

ちなみに白一色の旗は、わが国では源氏《げんじ》の幟《のぼり》。フランスではブルボン王朝。最近

ベネチアの国旗は、ペリー来航の前年、1852年に水戸藩で刊行された『萬國旗鑑』でもこのように紹介されている

時代によって裾が5つ～7つに分かれているのが特徴。写真は2012年8月にベネチアで撮影したもの

ではアフガニスタンのタリバーンが一九九六年頃に掲げていた。『大百科事典』(平凡社)には「唐《タン》の高祖・李淵《リイユエン》の従弟《いとこ》の李壽《リイシヨウ》(五七七〜六三〇年)の墓に描かれた旗」の写真が掲載されている。「巨」といった字のような、旗の端がいくつにも分かれたデザインの赤い旗だ。この形の旗は後に都市国家ベネチアの国旗の形となり、現在もベネチア市の旗として続いている(21ページ写真)。また、インドに栄えたムガール帝国の国旗もその形に近い。

古代インドに関しては、BC十世紀頃の叙事詩『マハバラータ』に動物を描いた旗があったことを示す記述がある。

●紋章学の発達から国旗の時代へ

十字軍の時代には紋章学が発達した。兜《かぶと》や盾《たて》に描いた紋章で所属や家柄を示し、それを取り仕切ったのが紋章官(herald《ヘラルド》)である。紋章官は、各地の騎士が一堂に会し美しく着飾って模擬戦闘をする際の仕切り役であり、勧進元兼呼《かんじんもと》び屋であると言える。勝者を讃《たた》える詩の朗読もしている。また、複雑なルールを作成し、紋章学(heraldry)なる煩瑣《はんさ》なルールを作り上げていったのが紋章官だった。

絶対王政の時代になると、こうした紋章は国章や家紋に残りつつも、遠くからよく分かる鮮明な国旗に発達していく。

植民地時代になると、国旗は宗主国の権威、支配力の象徴として世界に広がっていった。そのため、国旗はまず、海上で用いるものとして定められるのが普通だった。

わが国もその例外ではなく、ペリー艦隊の脱錨《だつびょう》直後に国の惣船印《そうふなじるし》としての国旗が定められ、明治政府もまた、明治三(一八七〇)年一月二七日(旧暦)に、商船用国旗を、一〇月三日(同)に海軍軍船用の国旗を制定したのだった。

●シンボルは人間と文化の基本

二十世紀初めのユダヤ系ドイツ人哲学者、エルンスト・カッシーラ（一八七四〜一九四五）は、シンボル研究の集大成『シンボル形式の哲学』を著《あら》わし、哲学的人間学を構築している。その中で、人間を〝シンボリック・アニマル（象徴を操《あやつ》る動物）〟、すなわち「シンボルを使う動物」と捉《とら》え、「動物が本能や直接的な感覚認識や知覚によって世界を受け取るのに対して、人間は意味を持つシンボル体系を作り、世界に関わっていく」としたのだった。

カッシーラはまた、人間の世界を、思考のシンボル形式によって構築されていると考えた。ここでいう思考には、言語、学問、科学、芸術における思考のみならず、一般の社会におけるコミュニケーションや個人的な考えや発見、表現などを含めている。

また、カリフォルニア大学バークレー校の哲学教授であったヒューバート・ドレイファス（一九二九〜）は、「文化の始まりに当たり、人間はシンボルをこしらえた」と述べ、さらに「その延長として、シンボルによって言語や異文化を超えた普遍的な未来のコミュニケーションが可能であろう」と、シンボルの将来的な発展を唱えている。近年の日本におけるキャラクターやロゴのブームを見通したような言い方である。

●「旗」という文字

旗を表わす文字、旗にまつわる漢字の種類は実にたくさんあり、使用者、使用目的、形などにより文字の使い分けがなされている。漢字では「旗」から「其」の部分を除いただけで「ハタ」を意味し、「其」はその読み（キ）を表わしている。

国旗、校旗、旗幟《きし》鮮明、旗艦《きかん》などとして用いる「旗」は、狭義には熊や虎を描いた赤いハタで、帥都《すいと》（大将）が兵の集合を命ずるときを示すものを指す。こうした旗としては、清《チン》の太祖・努爾哈赤《ヌルハチ》が一六一六年に制定した、全満州族を八つの旗の色で区別した軍団の総称「八旗《はっき》」が知られている。この八旗は、当初は黄・白・紅・藍の四旗だったが、その後、各色に縁取り（鑲《じょう》）のある四旗が加えられ、正黄・鑲黄・正白・鑲白・正紅・鑲紅・正藍・鑲藍になったものである。

「幢」「幡」「旌」「幟」などもハタを表わす文字として用いられる。「幢」は絹の幕で筒型《つつがた》に包んで垂らした飾り。「幡」はもともと仏教用語。供養のための荘厳具《しょうごんぐ》を指していた。「旌」は旗竿《はたざお》の先にカラウシの尾などを飾った旗。皇帝が士気を鼓舞するために用いたのが始まりだ。『源平盛衰記《げんぺいせいすいき》』には「旌の足を見て、五十騎三十騎馳集《はせたか》る（ことが分かる）」という具合にも用いられている。

「旅」や「族」、そして「施」「旋」などの文字も同様にハタを意味している。今でも日常的に使用される文字だが、これらはハタとどう関係するのだろうか。

旅行、旅愁、旅団などと用いられる「旅」は、「多くの人が軍旗を押したてて行く」

の意。旗を掲げて人々が「連れ立って歩くさま」を表わしている。つまり、添乗員《ツアコン》を先頭に団体旅行をしている姿である。「族」は家族、遺族、民族、貴族、皇族、豪族などとして用いられ、「軍旗の下《もと》に多くの矢があつまるさま」から、「集まること」を表わす。すなわち、同じ旗の下に守り抜くべき集団を表わす文字である。

実施、施策、施主、布施、施行などと用いられる「施」は、うねりゆらぐ旗のさまから「次第に及んでゆく、うつる、ほどこす」の意味を表わしている。さらに、旋律、斡旋《あっせん》、凱旋《がいせん》、旋回、旋盤などの「旋」は「ふきながしがめぐるようにぐるぐる歩き廻る」の意味を表わす（参考・大修館書店『漢語林』）。まさに「旗」の仲間の文字と言えよう。

さらに、国旗の「國（国の本字）」という文字は「土地を矛《ほこ》で守り、柵で囲む」姿。そして国の象徴が国旗であるから、まさに国旗は国全体を表わしているのだ。

コラム　一九六四年東京五輪の参加国、すでに半分の国旗が変更に

一九六四年の東京オリンピックに参加した九三の国と地域（開会式では九四ヵ国が行進したが、リビアの選手がマラソンを棄権し、二〇〇八年二月四日になってIOC＝国際オリンピック委員会が参加国数をひとつ減らした）の国旗のうち、今日までにほぼ半分の四六カ国もの国旗が変わった。

大会最終日に独立し、英領の北ローデシアから独立国ザンビアとなって新国旗を掲げ、閉会式で行進した例もある（195ページで詳述）。これらは少なくとも一回、中にはカンボジア、アフガニスタン、イラクのように七回ほど変わった国がある。

自分が関わってきたためにいささか手前みそだが、オリンピックにおいて国旗でひとつもトラブルがなかったのは、東京、札幌、長野で開催された三つの大会くらいである。

二〇二〇年の東京五輪でもこの「伝統」をきちんと継承していただきたい。

●一番困ったのは「日の丸」のデザイン

一九六四年の東京五輪を前に、試作した国旗は各国のＮＯＣ（国内オリンピック委員会）に航空便《エア・メール》で送付し、承認を求めた。

これがなかなか大仕事で、国や地域によっては事務局のしっかりしていないＮＯＣもあれば、直行便がなく文書が途中で行方不明になるようなケースもある。「在京大使館に照会してくれ」と言われるのはむしろありがたいが、自国の国旗について理解していない（日本の大使館も「国旗国歌法」以前は、その傾向はきわめて大きかった）大使館もままあり、さらには関係法規を墨守《ぼくしゅ》するあまり、容易に納得してくれないＮＯＣもあって、これには泣かされた。

実にさまざまだが、アイルランドのＮＯＣがいちばん厳しかった。そのあたりのことは二〇一八年度から採択される小学校の道徳科の教科書（日本文教出版）に、筆者が主人公として描かれている。

しかし、もっと苦労したのは日本の国旗だ。一八七〇（明治三）年一月二七日（太陽暦では二月二七日）の太政官《だじょうかん》布告第五十七号が、未《いま》だ有効だったからだ。「縦横比《じゅうおうひ》二：三、円の大きさは縦の五分の三、円の中心は旗面の中心より竿側に横の一〇〇分の一ずれる」というものである（口絵1　この布告は一九九九年八月一三日施行の「国旗国歌法」で廃止。ただし、「当面はこれを認める」ということになった）。

だから六四年の東京五輪のときは、オリンピックを所管する文部省をはじめ、法務省、外務省、内閣官房などに「日の丸」のデザインを問い合わせたが、どこからも「何とも言えない」「勘弁してくれ」と逃げられ、国会も含めて官公庁で実際に掲揚されている国旗を測らせてもらったり、その旗を製作した業者に寸法を尋ねたりした。

「国旗国歌法」施行の前年に開催された長野冬季五輪でも「日の丸」には困った。翌九九年の「国旗国歌法」の審議にあたっては参考人として衆議院内閣委員会に呼ばれたので、そのあたりの苦労を述べ、①デザインを早急に確定すべし、②国旗掲揚や使用についてては一八七〇年の太政官布告や一九三一年の「大日本帝國國旗法案」のように法律では規制せず、マナーとして教育で指導すべし、③国旗掲揚を学校教育の現場に押しつける前に、まずこの国会議事堂の中に「日の丸」を掲揚すべきだ、などと公述した。国旗国歌法制定の翌月から、衆参両院とも本会議場の正面に三脚で国旗を掲揚するようになった。

コラム　東京・長野のオリンピックで異なった「日の丸」

東京、長野の両五輪では「日の丸」の「丸」の大きさを変えた。円を縦の五分の三から三分の二へと少し大きくし、円は旗面の中心に一致させた（口絵2）。前回の東京オリンピックを前に、一九六二年の日宣美《にっせんび》展で、永井一正《ながいかずまさ》、白井正治《しらいしょうじ》、有本功《ありもといさお》の三人の若手グラフィック・デザイナーが共同提案した「日の丸」があった。背景が雪と氷の長野冬季五輪ではこれを使用したのである。

「日の丸」の縦横比は、「国旗国歌法」で二：三となった。これはフランス、ドイツ、中国など世界の過半の国旗と同じ。アメリカは一〇：一九、イギリスやロシアは一〇：二〇とさまざま、そしてバチカンの国旗は正方形であり、スイスも国内ではほぼ同様である。また、ベルギーの国旗は一三：一五と正方形に近く、カタールの国旗はなんと一一：二八と世界の国旗でいちばん横長である。

二〇二〇年の東京オリンピックでも「日の丸」が掲げられるが、それはもちろん「国旗国歌法」に則《のっと》ってのデザイン。一方、各国の国旗は「オリンピック憲章」の規定に従って、同じ縦横比にデフォルメされる。

国旗がドラマティックに翻るのはオリンピックだけではない。多くの場合に、その出来事を象徴して新たに掲げられたり、引き降ろされたりする。

さあ、国旗で世界史を振り返ってみよう。

第2部

国旗が語る歴史的瞬間

世界史が動いた「62の場面」を見る

一八〇一年一月一日

1　世界に冠たる「ユニオン・ジャック」完成

イギリスの国旗「ユニオン・ジャック」（原意は「組み合わさった船首旗」）が今の形になったのがこの日。この後、イギリスは「世界に冠たる国」となり、「太陽の沈むところなき国」と讃えられ、ときには恐れられた。この旗ができて一五年、ヨーロッパ征服を目指した、かのナポレオン・ボナパルトもワーテルローの戦いに敗れ、この国と旗を倒すことができなかった。

その後は「英国による平和《パックス・ブリタニカ》」の一〇〇年が続いた。その伝統を伝える「ユニオン・ジャック」は、今も昔も、世界で最も知られている国旗のひとつと言えよう。

英国の国名も、この十九世紀最初の日から「グレートブリテン及びアイルランド連合王国」（United Kingdom of Great Britain and Ireland　略称UK）となった。それが一九二二年、アイルランド島の六分の五がそこから分離独立し、英国は「グレートブリテン及び北アイルランド連合王国」（United Kingdom of Great Britain and Northern Ireland）

となった。これすなわち、今のイギリスがイングランド（ウェールズを含む）、スコットランド、北アイルランドの三つの地域から構成されているということだ。

英国では国家の基本にかかわるEU（欧州連合）からの離脱（Brexit）や、スコットランドの独立などさまざまな動きがあるものの、依然、世界の主要国のひとつとして存在している。

イングランドの国旗はエドワード一世の時代、一二七七年に白地に赤い十字の旗（聖ジョージの旗　口絵3）が採択されたのが始まりである。それに、スコットランドの青地に白の斜《なな》め十字（聖アンドリューの旗　口絵4）が組み合わされて最初の「ユニオン・ジャック」が誕生した（口絵5）。さらにアイルランドを示す白地に赤の斜十字（聖パトリックの旗　口絵6）が加わり、現代も使われる「ユニオン・ジャック」（口絵7）が誕生したのである。

その背景には、こんな歴史がある。一六〇三年、エリザベス一世の崩御《ほうぎょ》により、スコットランドからステュアート朝のジェームズ六世が迎えられ、イングランド王ジェームズ一世となった。同君連合《どうくん》（複数の国が同一の君主を戴《いただ》くこと）である。両国はその後、一七〇七年の連合法によりグレートブリテン王国となったため、二つの国旗が合体、最初の「ユニオン・ジャック」ができた。

一八〇〇年、イギリスがアイルランドを併合したとき、聖パトリックの旗が聖アンドリューの旗にかぶさってしまうため、アイルランドの十字を細くして左回りに少しずらしたのだ。このために、「ユニオン・ジャック」には、上下ができた。この「上下」が分かりにくく、世界中で誤りが生じる。二〇一七年五月二二日にマンチェスターで起きたテロ事件を報じるフランスのテレビ「フランス2《ドウ》」は、哀悼の意を示すために数日間、英国旗を画面の下に掲示しつづけたが、それが逆さまだった。細心の注意で取り扱いたい国旗である。

ともあれ翌一八〇一年一月一日から、今日の「ユニオン・ジャック」は、正式に英国旗となったのである。

すなわち、新大陸が英国から独立しようとして、一七七五年にジョージ・ワシントンらが武力をもって立ち上がった独立戦争のとき、英国軍は現在とは違う旗を掲げていた。それが一八〇五年、ナポレオンのフランスとトラファルガーの海戦を戦ったネルソンは現在の「ユニオン・ジャック」を掲げていた。少し前に、アイルランドを領有して「グレートブリテン及びアイルランド連合王国」を形成していたからだ。

だからときどき、ウェールズの住民にとっては不満のタネになる。「ウェールズの存在が国旗に反映されていない」と言うのである。独自の言語やかなりの自治権を持っているとはいえ、住民の不満は簡単には収まらない。ウェールズはイングランドがスコットランドと合体する以前、一五三六年と一五四三年の統一法でイングランドに併合されたので、他の三地域のように国旗に反映されていないのだ。

ところで、戦前の国定教科書は各国の国旗をきちんと紹介している。その中からイギリスの国旗についての説明を紹介したい。小学校六年生用の「修身」の教科書である。

イギリスの国旗は、今日の形式を具《そな》うるまでに幾多《いくた》の変化を重ねたるものなり。元来イギリスは、イングランド・スコットランド・アイルランド三国の合同して成れる国家にして、先《ま》ずイングランドとスコットランドと合するや、白地に赤十字の徽章《きしよう》ある前者の国旗と、藍地《あいじ》に斜白十字の徽章ある後者の国旗とを合して一旗となし、さらにアイルランドの加わるに及び、白地に斜赤十字の徽章あるその国旗を合わせて、ついに今日の如《ごと》き形式をなすに至れり。

ところで、東京の街でもっとも目につく国旗はイタリアン・レストラン（リストランテ、トラッテリア）の緑白赤の縦三色旗だろう。しかし、小物類、Tシャツ、バッグ、小型自動車などとなると、断然、「ユニオン・ジャック」。とくに若い人たちに人気のようだ。英国旗はなぜか「サマ」になるデザインなのだ。

とはいうものの、イギリスのＥＵ離脱、スコットランドの分離、オーストラリアやニュージーランド、フィジーなど英連邦諸国の国旗改定の動きを思うとき、「ユニオン・ジャックは永遠なり」と断じ得ないほど、今やこの国旗の往年の輝きは薄くなってきたように感じる（本文55、56の項も参照）。

2　出島——世界でほぼ唯一、オランダ国旗が翻《ひるがえ》っていた場所　十九世紀初頭

版画「阿蘭陀《オランダ》船入津之図《にゅうしんのず》」（41ページ）は、長崎港内で号砲を放つオランダ船を描いている。長崎版画の代表的な版元のひとつである文錦堂《ぶんきんどう》から発行されたものだ。上欄のオランダ語の文は「長崎港におけるオランダ船到着の光景」という意味で、左の欄外に「今年寛政《かんせい》十二庚申《こうしん》年」とある。すなわち西暦一八〇〇年の絵だ。

これはオランダが歴史の中で消滅させられていたころの、長崎の光景である。

当時の歴史を簡単に振り返ってみよう。一七八九年にフランスで革命が勃発《ぼっぱつ》すると、九五年、オランダに革命軍が侵入し、バタヴィア共和国になった。数年後、ナポレオンはオランダをイギリス侵攻のための基地と位置づけ、自《みずか》らの意思に即応できる体制を整えるため、弟ルイを国王としてオランダに送った。

一八〇六年六月二二日、ルイはハーグに入り、バタヴィア共和国はホラント王国と名を改めて、ホラント王ローデウェイク一世となった。

しかし、ルイは兄の傀儡《かいらい》ではなかった。オランダ人の利益にも配慮し、オランダの王としての責務を良心的に果たした。内政や経済復興にも関心を示し、ナポレオン法典の導入やカトリック教会の復権などを実現し、一方で徴兵制の導入を拒否している。大陸封鎖令（ヨーロッパ大陸諸国とイギリスとの通商を禁じたナポレオンの勅令）にも反対した。だが、密貿易の横行や一八〇九年にイギリス軍が南西部のゼーランド州に上陸したことなどもあって、翌年にナポレオンは二万人の軍隊をオランダへ派遣、ルイを退位させた。ルイはボスニアに亡命、ホラント王国はフランス帝国に統合され、

長崎港でのオランダ船を描いた「阿蘭陀船入津之図」（1800年）

ルブランが総督としてアムステルダムに駐在した。

　この時期、オランダという国は実質的に消滅していたわけで、オランダ国旗（口絵8）は長崎の出島と今のガーナのエルミナ要塞《ようさい》（エルミナ城）にしか掲げられていなかったとされている。

　エルミナ城は一四八二年にポルトガル人によって建てられた砦で、サハラ以南で最古のヨーロッパ建築だ。リスボンを発《た》つと、ギニア湾岸最初の交易地であり、後に大西洋奴隷貿易の拠点となった場所である。

閑話休題。そのころに長崎を訪問した日本人は、おそらくこのオランダ三色旗には特別に新鮮な異国情緒を感じたのではなかろうか。オランダの東インド会社は一七九八年に解散したが、あるいは社旗（口絵9）はそのまま使われていたかもしれない。

その当時、出島駐在の「甲比丹《カピタン》」（商館長）は、一七九九年から駐在していたヘンドリック・ドゥーフ。本国がフランスの統治下に入ったため、彼は一六年間もの出島暮らしとなり、独立回復二年後にオランダ船が入港するまで、毎日オランダの国旗を掲げて故国を偲《しの》びつつ、その栄光を死守していたのだ。

コラム　出島に復元されたオランダ国旗掲揚塔

いろいろな歴史を学べる長崎は、訪れる人々の興味をかきたててくれる。二〇一〇年六月に訪ねたときは、ＮＨＫの大河ドラマに合わせて、坂本龍馬《さかもとりょうま》ブームの観

現在の長崎市出島のオランダ国旗掲揚塔（復元）

光客があふれていた。二〇一四年二月にも出島をゆっくり見て歩く機会があった。以前見たときよりもずいぶん整備されていて、広く感じた。

　とくに注目したのは国旗掲揚塔だった。観光協会で聞いたところでは、出島復元の願いを込めて、史実に沿って建造されたもので、雨天を除いて日本とオランダの祝祭日には、赤白青の横三色旗であるオランダの巨大な国旗が実際に掲げられるとのこと。

　オランダの祝祭日は、キリスト教に関係したもののほか、四月三〇日の女王誕生日、五月五日の解放記念日など全部で一一日あるが、日本の祝日は一六日。これだけで計二七日間、オランダの国旗が翻るということのようだ。このほか、出島でイベントがあるときにもオランダ国旗が掲揚されるという。

コラム　太田蜀山人《おおたしょくさんじん》が見た「紅白旗翻百尺竿……」

狂歌で有名な太田蜀山人（南畝《なんぽ》、一七四九～一八二三）は、一八〇四年から長崎奉行所に赴任していた。彼は「和蘭館《おらんだ》」と題する詩の中で「紅白旗翻百尺竿……」と、詠《よ》んでいる。実際に出島でオランダ三色旗を仰《あお》ぎ見て、驚きの気持ちを抱き、新鮮さを感じたのではないかと思う。あるいは船尾のオランダ東インド会社の社旗が、この粋人《すいじん》の目に留まったのかもしれない。

ちなみに、二〇一四年九月八日付日本経済新聞のコラム「春秋」は「長崎には……外国船が近海に現れ始めたころで、（蜀山人は）ロシアの特使レザノフと会見している。オランダ船でコーヒーを飲んだ」と紹介している。これは蜀山人の『瓊浦《けいほ》又綴《ゆうてつ》』（一八〇四年）を引いたもので、「（コーヒーを飲んだ蜀山人の）感想は『焦《こ》げ臭くして味ふるに堪《たえ》ず』と素っ気なかった」と続けている。これが日本でもっとも初期のころのコーヒー飲用記かと思われる。

3 オランダ国旗で偽装した英艦が長崎湾に侵入

一八〇八年一〇月四日

三代将軍家光《いえみつ》の時代である一六四一年からの二〇〇余年、日本は鎖国を基本とした。しかし、濃淡はあるが、幕府がオランダと、対馬《つしま》藩が朝鮮半島と、薩摩《さつま》藩が琉《りゅう》球《きゅう》と交易し、そして十九世紀になると根室《ねむろ》がロシアと限定的な交流をしていた。

一八〇八年一〇月四日（文化五年八月一五日）、オランダがナポレオンの支配下にあった時代のこと。薪水《しんすい》、食糧を目的とする英海軍フリゲート艦フェートン号が、オランダの国旗（赤白青の横三色旗）を船首に掲げて船籍を偽《いつわ》り、長崎へ入港してきた。

これをオランダ船と誤認したオランダ商館では、出迎えのため館員二名を小舟で派遣、長崎奉行所も役人とオランダ通詞《つうじ》らを船で向かわせた。ところがその際、商館員二人が拉致《らち》されて、フェートン号内に連行された。同時にこの英艦はオランダ国旗を降ろして英国旗《ユニオン・ジャック》に換え、オランダ船を求めて武装ボートで長崎港内の捜索を行なった。

長崎奉行所ではフェートン号に、商館員を解放するよう書状で要求した。これに対し、翌五日午前八時半、長崎奉行宛の返書が来た。

「本艦は英船籍のフェートン号と称し、ペリュー大佐が艦長である。やむを得ぬ事情により人質を取ったが害意はない。食牛四頭、山羊一二頭、野菜多量、水船数隻、上等のタバコなどを望む。聞き入れられないときは港内の唐船、日本船はじめ、市中に至るまですべて焼き払う用意がある」

恐喝というべき内容だ。

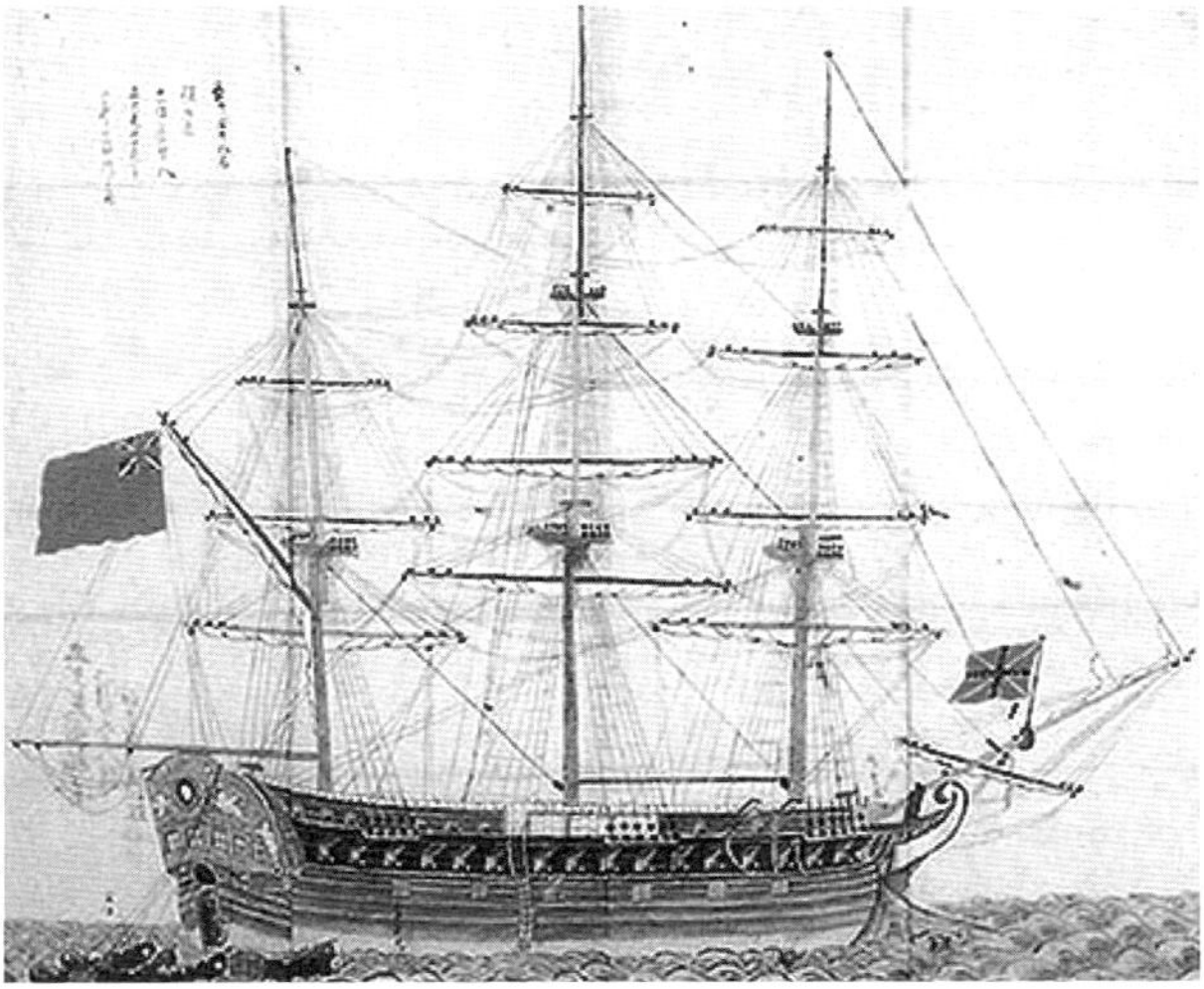

フェートン号。船首には英国旗、船尾には英国商船旗（レッド・エンサイン）

オランダ商館長《カピタン》ヘンデリック・ドゥーフは長崎奉行所内に避難して匿《かくま》われ、商館員の生還を願い、日本側に戦闘回避を勧めた。長崎奉行の松平《まつだいら》康英《やすひで》（一七六八〜一八〇八）は、商館員の生還を約束する一方で、湾内警備を担当する鍋島《なべしま》・黒田《くろだ》両藩にフェートン号を抑留、または焼き討ちする準備を命じた。

　ところが、長崎警衛当番の鍋島藩が経費削減のため守備兵力を無断で縮小しており、本来の駐在兵力の一〇分の一ほど、わずか一〇〇名程度しか在番していなかった。そこで康英は急遽《きゆうきよ》、薩摩、熊本《くまもと》、久留米《くるめ》、大村《おおむら》の各藩など九州諸藩に出兵を求めたが、時間がかかる。

即刻の対応を求められた康英は、やむなく要求を呑《の》むことにしたが、水は少量しか提供せず、「明日以降に十分な量を提供する」と偽って時間稼ぎを図る。要求された牛と豚を出島から提供すると、これを受けてペリュー艦長は拉致していた商館員を釈放し、出航の準備を始めた。

一〇月一七日未明、近隣の大村藩主・大村純昌《すみまさ》は藩兵を率いて長崎に到着した。康英は純昌とともにフェートン号を抑留、もしくは焼き討ちするための作戦を進めていたが、その間にフェートン号は碇《いかり》を上げ長崎港外に去った。

結果だけを見れば日本側に人的な被害はなく、人質にされたオランダ人も無事に解放されて事件は平穏に解決した。しかし、康英は、自らの意志に反してではあったが、国威を辱《はずかし》めたとして切腹、責任を取るのである。享年四一。

幕府の要職である長崎奉行の切腹が、日本中に与えた衝撃は甚大《じんだい》なものだった。また、勝手に兵力を減らしていた鍋島藩家老ら数人も責任を負い切腹した。長崎奉行の切腹は幕府を震撼させ、一一月、幕府は藩主・鍋島斉直《なりなお》（その十七男が幕末の名君として知られる閑叟直正《かんそうなおまさ》）に一〇〇日の閉門を命じた。

国旗を偽って掲げるといった詭計《きけい》は、武士道や騎士道といった慣行において、一九〇七年の「陸戦法規」の規定以前から卑劣な行為とみなされていた。

それはさておき、フェートン号事件の後、ドゥーフや長崎奉行・曲淵景露《まがりふちかげつゆ》らが臨検体制を改革し、秘密の信号旗を特別の順番に組み合わせて行なう「旗合わせ」をするなど、外国船の入港手続きを複雑化し、強化した。しかし、英国船の出現はその後も相次ぎ、幕府は一八二五年に異国船打払《うちはらい》令を発し、危機管理体制を格段に厳格化した。

一方、この屈辱を味わった鍋島藩は、次の藩主・直正の下で近代化に尽力し、明治維新に際しては薩長《さつちょう》土肥《とひ》の一角を占める大きな力を持つに至る。また、この事件以降、幕府や知識人たちは、英国は侵略性を持つ危険な国であると見なし、幕府は一八〇九年に本木《もとき》正榮《まさひで》ら六名の長崎通詞に英学修業を命じ、それに続いて通詞全員に英語とロシア語の習得を命じるのである。

正榮らはオランダ人商人のヤン・コック・ブロンホフから英語を学んだ。さらに、一八一一年に日本初の英和辞書『諳厄利亜《アングリア》興學小筌《こうがくしょうせん》』一〇巻が完成、一八一四年には幕府の命による本格的な辞書『諳厄利亜語林大成』一五巻が完成した。

他方、イギリスは一八一一年になってインドから、オランダ領バタヴィア（ジャワ）を攻略、東インド全島を支配下に置いた。イギリス占領下のバタヴィアから長崎のオランダ商館には何の連絡もなく、前項で述べたとおり商館長ドゥーフらはナポレオン帝国没落後まで出島に放置された。ドゥーフたちは本国の支援もないまま、さらに七年もの年月を日本で過ごすことになったのだった。

コラム　歴史に翻弄されたベネルックス三国

一八一五年にナポレオン帝国が崩壊すると、イギリスに亡命していた公家一族がオランダに帰国してウィレム一世として即位、南ネーデルラントを含むネーデルラント連合王国を樹立した。これが現在まで続くオランダ王国の始まりである。

しかし、ベルギーは一八三〇年に永世中立国としてオランダから独立、ルクセンブルクは一八六七年に同じく永世中立国として独立している。

この二つの国は、一九一四年からの第一次世界大戦ではドイツ帝国に蹂躙《じゅうりん》され、永世中立を放棄するも、今ではベルギーはＮＡＴＯ（北大西洋条約機構）やＥＵ（欧州連合）の本部を設置する西欧陣営の中心的地位に立つ。

オランダとルクセンブルクの国旗は青白赤の横三色旗。わずかにルクセンブルクの国旗の青のほうが明るいことで区別する。

4　アメリカ国歌「きみ見ゆるや星条旗」の秘密

一八一二年九月一三日

Oh, say can you see, by the dawn's early light…（おお、見えるや、夜明けの淡き光を受け……）で始まるアメリカの国歌「The Star-Spangled Banner（星条旗）」。オリンピックの表彰式で何度も聴《き》かされて、わが友人には「それって、オリンピック賛歌じゃない？」とあきれた質問をする美女がいたし、「大リーグの試合開始を告げる歌だよ」というイケメンもいた。

この歌詞と曲が正式に米国歌に採択されたのは、第三十一代大統領ハーバート・フーヴァー時代の一九三一年三月三日。以下は一番の歌詞（ウィキソースの訳による。振り仮名は筆者）。

おお、見ゆるや　夜明けの淡き光を受け
先の夕暮れ　陽が落ちる時　我等が歓呼したもの

其《そ》は太き縞《しま》と輝く星条旗　我々は目にした　危《あや》うき戦の間
城壁の上に見た　勇壮に翻りし　彼の旗
狼煙《のろし》の赤き炎立ち　砲音宙《そら》に轟《とどろ》く中
耐え抜き　旗は尚其処《なおそこ》にあり
おお、星ちりばめたる旗は　今猶《いまなお》棚引くか
自由なる大地　勇者の故郷に

https://ja.wikisource.org/wiki/%E6%98%9F%E6%9D%A1%E6%97%97

歌詞がつくられた時代には、次のような背景がある。

一七八三年にイギリスから独立したアメリカ合衆国。独立時の「星条旗」は、当時の州の数を星と条で表わした一三星一三条だった（口絵10）。本格的に国づくりがスタートした十九世紀初頭は、カナダや内陸部に領有地を拡大しようとしていた。内陸部の先住民族の中にはイギリスと通じ、自分たちの土地を守ろうとする動きもあった。

他方、イギリスはナポレオン率いるフランスと欧州の覇権を競うことに集中しなくてはならない時期が続いていた。イギリスとの一戦を覚悟していたアメリカは、チャイコフスキーが『大序曲1812年』の題材にしたように、東方に勢力を伸ばそうとするナポレオンに対応するイギリスの隙《すき》をつく形で宣戦布告。こうして一八一二年六月、米英戦争が始まった。そのさなかの出来事からこの詩が生まれるのである。

カナダやいわゆるインディアン（米先住民）の援軍をも得た英軍は北米大陸へ大いに進出し、八月、フィラデルフィアから移ったばかりの新首都・ワシントンを焼き払う作戦を決行、大統領官邸付近は焼き討ちにあって第四代大統領ジェームズ・マディソン（在位一八〇九〜一七）は首都を逃れている。石積みの外壁は焦げただけでなんとか残ったものの、大統領府の中はすべてが灰塵《かいじん》に帰してしまった。

国歌のシーンは、大統領府が黒焦げになったほぼ一カ月後の九月一三日、ボルティモア（メリーランド州）のマクヘンリー砦《とりで》でのこと。三五歳の詩人で弁護士のフランシス・スコット・キー（一七七九〜一八四三）は、英軍に抑留されていた友人の医師ほ

米国歌「星条旗」の作詞者、フランシス・スコット・キー
(The Library of Congress Prints & Photographs Online Catalog)

か捕虜たちの交換交渉のため、英艦に乗り込んだ。

交渉は成立する。しかし、その夜に英国による総攻撃が企図されていた。機密保持のため、キーは友人とともに、艦内に留め置かれることになった。

激しい砲撃は夜通し続いた。翌朝、砦はおそらく壊滅したであろうと薄明りに目を凝《こ》らすと、砦の上に依然、「星条旗」が翻っていた。あの激しい砲撃に、砦は死守されたのだ。感銘を受けたキーは、「マクヘンリー砦の防衛」という詩のアイディアを得て書き留めた。二日後、ボルティモア市街に戻った夜、四部からなる詩にまとめ、翌一七日に周囲に披露した。この詩が当時、イギリスやアメリカでよく知られていた「天国のアナクレオンへ」（イギリスのジョン・スタッフォード・スミスが作曲）のメロディに乗せて歌われるようになったのである。

今もマクヘンリー砦には、当時と同じ一五星一五条の「星条旗」（口絵11）が掲げられ、各地からの観光客が仰ぎ見ている。

米英戦争の帰趨《きすう》に話を戻すと、一八一四年八月二四日のニューヨーク州ブラーデンスバーグの戦いにも米軍は敗れてしまう。アメリカは終始ほとんど劣勢であったが、イギリスも決定的勝利に至らず、戦争は長期化していった。

イギリスはナポレオンを退《しりぞ》けたものの、軍事的、経済的に疲弊する。ナポレオン後の新秩序構築に向けてのウィーン会議で緊迫するさなか、一八一四年一二月二六日に、アメリカとの講和条約が南ネーデルラント（現在のベルギー）のガン（ヘント）で結ばれるのだ。

講和後、マディソン大統領は大統領府を一八一七年に再建した。設計コンペで九案の中からジェームズ・ホーバンの案が採択され、彼を監督に任じた。ホーバンが焼け残った外壁を白く塗ったことから「ホワイトハウス」と呼ばれるようになったのである。現在でも焼け焦げた壁の一部は「トルーマン・バルコニー」で見ることができるそうだ。

5　英国旗焼却から起こったアロー号事件

一八五六年一〇月八日

一八三九年九月に始まったアヘン戦争は、一八四二年の南京《ナンキン》条約で終結した。この条約により、清《チン》国は、従来の広州《クワンチョウ》に加え上海《シャンハイ》、厦門《アモイ》など五港を開港させられ、それぞれに領事を置くこと、さらには香港の割譲も認めさせられた。かくして清国の国旗（口絵14）は、翻る勢いを失っていくのである。香港はこのあと一九九七年までの一五五年間、イギリスの領土であった(236ページ参照)。

またアヘン戦争後、清国政府は公式にではないが、当時の担当大臣がアヘン貿易を黙認したこともあって、広東《クワントン》内外で過激な外国人排斥《はいせき》運動が盛んになった。広州《クワンズウ》の英国商館が焼き討ちに遭《あ》ったり、英米人を対象とした投石騒ぎが続いたりするのである。

これに対し英国も軍艦を派遣して広州に進出したが、一八四七年一二月には英国青年六名が惨殺されるという事件が起こった。これに抗議した英国はさらなる開港と自由貿易を求め、清の官憲にはびこる汚職や徴税についても改善要求を出した。

そうした折、一八五六年一〇月八日、清の官憲が英国船籍を名乗る中国船アロー号を海賊容疑で臨検し、清人船員一二名を拘束、うち三名を逮捕した。

すると英国の広州領事ハリー・パークスは臨検を不当と主張し、加えて逮捕の際、清の官憲がイギリスの国旗を引き摺《ず》り下ろしたことは、英国に対する侮辱だと抗議した。清側は、臨検の際に国旗は掲げられていなかったと反論したが、パークスは自説を強硬に貫《つらぬ》き、交渉は決裂した。

事件当時、アロー号の船籍登録の期限が切れており、英国旗を掲げる権利はなかった。また官憲によるアロー号船員の逮捕は合法であり、パークスの抗議は戦争の口実だった。

イギリスはふたたび清との戦争に踏み切り、同年に起こったフランス人宣教師殺害事件を口実とするフランスと共同で出兵するのである。米露両国は、戦争には加わらないものの、後の条約改正には参加すると表明した。

一八五七年一二月二九日、英仏連合軍は広州を占領して欽差《きんさ》大臣・葉名琛《イエメンチエン》を捕らえた。欽差大臣とは皇帝直属で、内乱鎮圧・対外重要問題処理などを担当する清代の役職である。

翌年二月には、英仏露米四列強の全権大使が連名により北京《ベイジン》政府に対して条約改正交渉を求めた。これに対する清の回答に不満を持った連合軍は、ふたたび北上して天《テン》津《チン》を制圧。天津条約を結んで、公使の北京駐在、キリスト教布教の承認、内地河川を商船が航行することの承認、英仏に対する賠償金の支払いを認めさせた。またこの条約による関税率改定により、アヘンの輸入が公認化されたのである。

一八五九年六月一七日、英仏の艦隊は天津条約批准《ひじゅん》のために天津の南、永定河《ヨンテンホウ》の河口に来たが、河には遡行《そこう》を妨《さまた》げる障害物が置かれていた。その撤去中に清の砲撃を受け、英仏艦隊は上海へ引き返した。このあとは艦隊と兵力を増やした英仏軍と清軍との間で激しい戦闘となり、さらには虐殺や略奪も起こって非難の応酬が続いた。

一八六〇年、英仏軍は北京を占領し、北京条約が締結された。これにより清は、天津の開港、イギリスに対し九竜《クーロン》半島の割譲などを認めさせられたのだった。

6　初めて「日の丸」を掲げて訪米した咸臨丸《かんりんまる》

一八六〇年二月一〇日〜三月一七日

咸臨丸は、幕末期に幕府がオランダから購入した木造三本マストの蒸気コルベット艦（排水量六二〇トン、全長四八・八メートル、全幅八・七四メートル）。オランダでは「ＪＡＰＡＮ《ヤーパン》号」と呼ばれていたものを、幕府が「咸臨丸」と名づけたのだった。咸臨とは『易《えき》経《きょう》』（伝説上の帝王・伏羲《フッシ》の作とされる）にある言葉で、「君臣が互いに親しみ合うこと」の意。

一八六〇（万延《まんえん》元）年、日米修好通商条約の批准書を交換するため、遣米使節団一行が米艦ポーハタン号で太平洋を横断した。外国奉行および神奈川奉行を兼務していた二名、新見正興《しんみまさおき》（豊前《ぶぜん》守）が正使、村垣範正《むらがきのりまさ》（淡路《あわじ》守）が副使に任命され、目付《めつけ》には外国奉行の小栗忠順《おぐりただまさ》（上野介《こうずけのすけ》）が選ばれた。

1960年、日米修好通商条約締結100周年を記念した切手。原画は鈴藤勇次郎

小栗には通貨の交換比率の交渉という役目があったのだが、「目付とはスパイのことだ。日本側はスパイを使節の中に同行しているのか」という嫌疑を受けてしまう。その際、通訳のジョン万次

郎（本名：中濱《なかはま》萬次郎）が「目付とは一行のセンサ（censor＝検閲官、監察官、風紀取締担当者）である」と主張して切り抜けた。

目付は室町時代に、戦場において将士や敵の内情を監視して、主君に通報する監察官に由来するといわれる。江戸時代には幕府の若年寄《わかどしより》の目や耳になって旗本や御家人を、また諸藩の場合は主に馬廻《うままわり》格以上の藩士を監察する役職だったから、「センサ」はまさに名訳と言えよう。ＮＨＫ大河ドラマ「おんな城主 直虎《なおとら》」では、高橋一生《たかはしいっせい》演じる鶴丸《つるまる》（小野政次《おのまさつぐ》）の立場だ。

さてポーハタン号の万一に備え、正使一行とは別に、護衛を名目として咸臨丸を派遣することになった。実際の目的は大洋横断の演習である。日本人だけの航海技術では不安ありと考えた木村喜毅《きむらよしたけ》（摂津《せっつ》守）は、技術顧問として、海軍大尉ブルックをリーダーとする米国海軍士官の乗艦を幕府に要請し、反対する日本人乗組員を説得して認めさせた。

咸臨丸は一八六〇年二月一〇日、九六人もの日本人を乗せ品川を出帆、同三月一七日にサンフランシスコに入港した。艦長は勝海舟《かつかいしゅう》（軍艦操練所教授方頭取）。木村が「軍艦奉行」であったが、ジョン万次郎は勝が艦長《キャプテン》、木村が提督《アドミラル》で押し通した。二五歳の中津《なかつ》藩士・福澤諭吉《ふくざわゆきち》も木村の従者にしてもらって乗船している。

米国軍人の乗艦に反対していた船員たちは、情けなくも大半が船酔いで、万次郎以外はあまり役に立たず、米国人の助っ人に全面的に頼っての航海であった。船首には五年前に幕府によって日本の惣船印《そうふなじるし》として制定された「日の丸」が掲げられていた。

7　遣米使節団はブロードウェイで「日の丸」を見た

一八六〇年六月一六日

批准書を届けるための遣米使節団はサンフランシスコに九日間滞在し、四月七日、パナマに向かった。一七日をかけてパナマに到着。一行はパナマ地峡鉄道の特別車で大西洋側のアスピンウォール（現コロン）へと大西洋に向け移動した。このときの様子を村垣副使は「やがて蒸気盛んになれば、今や走り出んとかねて目もくるめくやうに聞きしかば、いかがあらんと舟とは変わりて案じける内、凄《すさ》まじき車の音して走り出たり」と記録している。約三時間で大西洋に達した。

五月一五日、船でワシントンに到着。二七日、ジェームズ・ブキャナン米第十五代大統領に批准書を奉呈する。同地には二五日間滞在し、スミソニアン博物館、議会、ワシントン海軍工廠《こうしょう》、海軍天文台など熱心に視察を繰り返した。

六月八日にワシントンを出発、ボルティモア、フィラデルフィアなどを経て、六月一六日の午後にはニューヨークに到着。「日の丸」を掲げた一行は、左ページの絵が示す大歓迎を受けた。ブロードウェイでのパレードに、アメリカ側はたくさんの「日の丸」を林立させて歓迎の意を示し、近郷近在から空前の五〇万人もが集まった。『ニューヨーク・タイムズ』は「市の歴史で最も目新しく華々しいイベントの一つ」だと評している。なお、今日では「星条旗」と記述する米国旗を、一行は「花旗」と

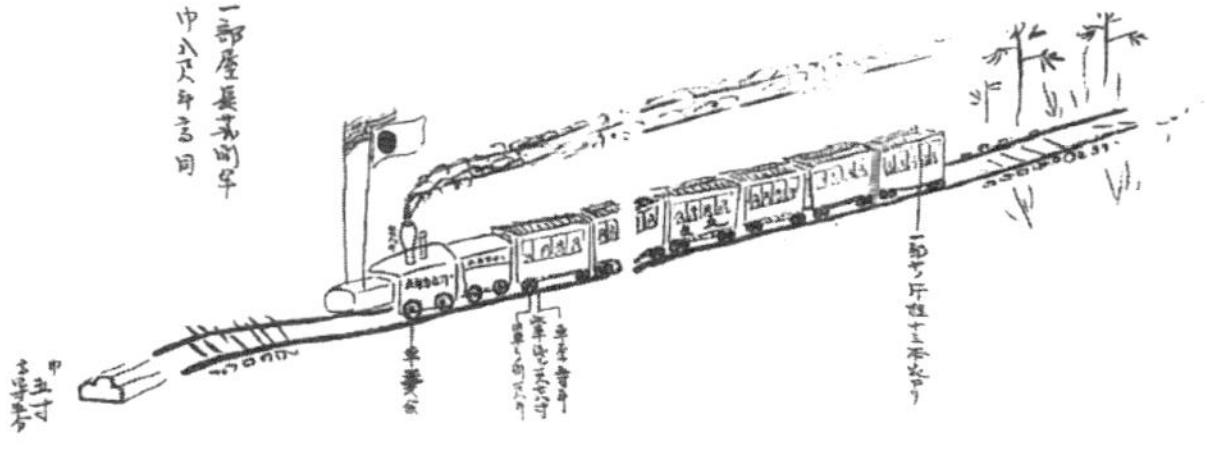

（上）ブロードウェイで大歓迎される日本からの遣米使節団。「ニューヨーク絵入り新聞」から
（下）日本からの使節団を乗せてパナマ地峡を大西洋に向かう列車。先頭に日米両国旗を掲げている。一行の一人で俳人の加藤素毛（飛騨の名主の次男）が「裂ける程車のおとも暑サ哉」の一句を残している。素毛の『亜行周海略日記』より

呼んでいた。

八月二九日、一行はナイアガラ号でニューヨークを離れ、大西洋を横断してポルトガル領カーボベルデ島（現カーボベルデ共和国）や、同じくポルトガル領アンゴラ（現アンゴラ共和国）のルアンダを経由、喜望峰を回り、蘭領バタヴィア（現インドネシア共和国ジャカルタ）、英領香港を経由して一一月九日に品川沖に帰着した。

8 日本領を宣言して小笠原・父島に「日の丸」掲揚

一八六一年一月三一日

一八五五（安政《あんせい》二）年三月一八日、薩摩藩の昇平丸《しようへいまる》が「日の丸」を掲げ、品川沖に投錨、老中・阿部正弘《あべまさひろ》（「日の丸」を日本の「惣船印」とした人）、水戸藩主・徳川斉昭《なりあき》、水戸藩の儒者・藤田東湖《ふじたとうこ》らが乗船して見学した。

日本に開国交渉を迫ったペリーが離日後、一八五六年に著わした『日本遠征記』には、小笠原の父島に立ち寄って、族長ナサニエル・セーボリーと飲料水や薪炭の提供を受ける契約を結んだという記述がある。これを知った幕府は驚愕し、島の西側に開けた二見《ふたみ》湾からよく見える山の中腹に、大きな「日の丸」を掲げ、この地が日本の領土であることを宣言した。その場所は今では「旗立山《はたたてやま》」と呼ばれている。

父島・母島ほか太平洋に浮かぶ三〇あまりの島々からなる小笠原諸島には、当時、日本人は住んでいなかったが、およそ一八〇年前の一六七五（延宝《えんぽう》三）年、漂流民の報告を元に、幕府は島々の調査を行なって「此島大日本之内也」という碑を設置している。

英米西などの諸国が領有を主張していたものの、決定的な「先占《せんせん》」の根拠を示せず、これらの島々を欧米人が「Bonin《ボニン》（「無人」の訛《なま》ったもの）Islands《アイランズ》」と呼んでいたことが、日本領有の大きな根拠になった。

そこで幕府は一八六一年、数学者・小野友五郎《おのともごろう》を艦長として、外国奉行水野忠徳《みずのただのり》、ジョン万次郎らを咸臨丸に乗せて小笠原諸島の父島と母島の巡視、測量に向かわせている。咸臨丸は日米和親条約批准書交換に関連して渡米し、帰国したばかりだった。また艦長の小野は、渡米時には航海長として功績が大きかった。

さらに急遽、八丈島から三八人を移住させたが、幕末という国内事情や、生麦《なまむぎ》事件（一八六二年九月一四日＝文久二年八月二一日）により外国との関係が不安定になって、わずか一〇カ月ほどで幕府の役人ともども引き揚げざるをえなかった。左ページの絵は、その時代のものである。

ちなみに、父島でペリーに応接した中心人物であるナサニエルの七代目の子孫が、小笠原村総務課長の瀬堀孝《せぼりたかし》さん。「高校はグアムに行き、英語で学んだ。一九六八年の本土復帰後、日本語を懸命に学びましたが、アメリカ人の血は三二分の一に過ぎません」と笑う。

「旗立山」は一九二七（昭和二）年三月に東京都の指定文化財（旧跡）になっている。

「日の丸」を立てた場所は、父島の現在「旭山《あさひ》」と呼ばれる山腹の海抜二六七㍍《メートル》地

沖村で縄遊び（大縄跳び）に興ずる欧米系の女性たちと見物人。1861年、水野忠徳の一行に随伴した大垣藩の絵師・宮本元道による『小笠原島真景圖』の一つ

点であり、日時は一八六一年一月三一日のことではないかと推定される（「咸臨丸と小笠原」〔その二〕小笠原村教育委員会教育長　田畑記参照）。

幕府も明治政府も八丈島から漁民を送り込むなど、さまざまな統治行為を行なって、ようやく一八七六年から実効支配するところとなり、この年、小笠原の領有を各国に通告して日本への帰属を確定、以後、恒常的に「日の丸」を掲揚した。そして一八八二年、欧米系の島民にも日本国籍を与え、列強も日本の領土であることを確認した。

こうした国旗の掲揚の常態化は、国際法で認める「先占」を確定するひとつの行為であり、国威を示すという効果は大いにあるが、そのことのみで主権の確立が十分とは言えない。このあたりのことは、拓殖大学海外事情研究所の月刊学術雑誌『海外事情』(二〇一〇年五月号)の拙稿「国旗と国家主権」を参考にされたい。

領有権確定後、第二次世界大戦の敗戦まで日本による実効支配が七〇年近く続き、綿花、サトウキビ、サンゴ、漁業など、時代とともに主産業は変わりながら、次第に人口が増えていった。太平洋戦争時には、七〇〇〇人もの住民を数えるに至る。

戦前、父島には、南極探検に向かう白瀬矗《しらせのぶ》陸軍輜重《しちよう》兵中尉の一行が立ち寄ったほか、北原白秋《きたはらはくしゆう》が保養のため九カ月滞在したり、一五歳のサトウハチローが父・紅緑《こうろく》の勘気《かんき》に触れてここに〝島流し〟にさせられ、初めて詩作に取り組んだり、『李陵《りりよう》』で知られる中島敦《なかじまあつし》が当時の南洋群島パラオ(現パラオ共和国)に向かう途中で訪問したり、ということもあった。朝鮮の志士・金玉均《キムオツキユン》も一時ここに身を隠している。

戦後、日本の施政権が停止され、一九五二年四月二八日にサンフランシスコ講和条約が発効した後は、アメリカの施政権下に置かれていたが、一九六八年に日本に返還された。それ以後は当然「日の丸」が翻っている。

9　軽気球に「日の丸」で歓迎された幕府遣欧使節団　一八六三年四月九日

この日、竹内保徳《たけうちやすのり》（下野守《しもつけ》）以下、福澤諭吉を含む三八名の遣欧使節団がリヨンから列車でパリに着いた。

法政大学教授・宮永孝《みやながたかし》氏は、著書『幕末遣欧使節団』（講談社学術文庫）で『ロピニオン・ナシオナール』紙を引いて「この日、（ルーブル美術館に近い）パレ・ロワイヤル広場には、朝から大勢の群衆が日本使節団を見ようと詰めかけ、日章旗をたらした気球が上げられていた」と記しておられる。ここでいう気球とはおそらく熱気球であろう。

　フランスでは早くから熱気球が盛んで、有名な話では普仏《ふふつ》戦争（一八七〇〜七一）の末期、プロイセンを中心とするドイツ兵に包囲されたパリから、レオン・ガンベッタ内相がこれに乗って脱出した史実もある。しかし、おそらく竹内らには、人間が空中に浮かぶということは想像以上のものがあったに違いない。

『ロピニオン・ナシオナール』紙の報道が確かなら、ヨーロッパで「日の丸」がデヴューしたのもこのときであろう。そのためもあってか、宿舎となったホテルには二本差しに丁髷《ちょんまげ》という侍《さむらい》の姿を見物しようと、大変な人数が寄せたという。「日の丸」の華やかなデヴューといってよさそうだ。

10 旧幕軍は外国旗で欺《あざむ》いて砲撃——宮古《みやこ》湾海戦

一八六九年五月六日

一八六九年五月六日（明治二年三月二五日）、旧幕府軍艦隊は三陸沿岸の宮古湾で、新政府軍艦隊に海戦を挑んだ。艦を衝突させて乗り上げ、兵が移乗して舵《かじ》と機関を奪取するというアボルダージュ（接舷戦法）を敢行したのだ。

海戦においてアボルダージュは昔から行なわれており、戦史ではとくに一七九八年一二月一四日、英国海軍フリゲート艦「アンバスケード」とフランス海軍コルベット艦「ベヨネース」が互いに移乗攻撃で入り乱れて戦ったことが知られている。

旧幕府軍の艦隊はアボルダージュのために、外国旗を掲げて新政府軍の艦隊に接近した。すなわち、軍艦「回天」に米国の「星条旗」（この当時は三七星）を、「高雄」には白青赤のロシア国旗を掲揚して湾内に進入、フランス海軍士官を艦首に立たせて進航し、攻撃開始の直前、それぞれを「日の丸」に取り替えたのだ。

いわゆる「だまし討ち」だが、当時としては違法行為とは言い切れない。このことは後ほど論じることにして、この宮古湾海戦の背景から説明しよう。

前年、すでに江戸城が開城され、旧幕府軍は新政府軍から艦隊の引き渡しを命じられていたが、旧幕府海軍副総裁・榎本武揚《えのもとたけあき》は、次項で詳述するように四隻を引き渡したのみで、主力艦の「開陽」「回天」「蟠龍《ばんりゅう》」ほか八隻を率いて江戸湾から脱走した。

これらの艦には、かつて幕府の軍事顧問団だったJ・ブリュネ、A・カズヌーヴらのフランス士官ら、総勢二〇〇〇余名が乗船していた。榎本らは、まず箱館《はこだて》（函館）を占領して、蝦夷《えぞ》地（北海道）に新たな政権を樹立しようと画策していたのである。

ところが荒天や座礁によって最強の旗艦「開陽」ほか三艦を失い、戦力が弱体化してしまった。そうした中で、「甲鉄《こうてつ》」「春日」など四隻の軍艦と「戊辰《ぼしん》丸」「晨風《しんぷう》丸」など四隻の軍用船からなる新政府軍艦隊が、三陸の宮古湾（現岩手県）に入港すると

アボルタージュを決行した「回天」（『回天艦長 甲賀源吾傳』から）

の情報を得て、これを奪って戦力を一挙に逆転しようと企《くわだ》てたのだった。

ことに新政府軍の旗艦「甲鉄」は、当時、日本唯一の装甲軍艦で最強の艦だったから、これを奪取の標的とした。そこで外国旗を掲げて接近し、攻撃直前に「日の丸」に取り換え、「甲鉄」に衝突させて兵が斬《き》り込むという作戦が立案され、フランス軍事顧問団のブリュネ大尉と榎本が承認した。

そして、自軍の「回天」「高雄」「蟠龍」の三艦は、外国旗や菊花の旗を立てて新政府の艦隊であるかのように偽装し南に向かい、八戸《はちのへ》港外の鮫村《さめむら》港を経由、宮古湾に進航したのだった。

これを現代の国際法に照らして「他の交戦者に真実を告げる義務がないときの謀計」（陸戦規則二十四条、ジュネーブ諸条約第一追加議定書三十七条第二項目）、すなわち詭《き》計《けい》と見なして合法とすべきか、それとも「真実を告げる義務のある謀計」（同二十三条ロ、へ、同追加議定書同条第一項目）、つまり不法である背信行為とみなすべきかは、見解の分かれるところである。しかし、少なくとも宮古湾海戦当時においては、明確な違法行為と断じることはできなかった。

ちなみに現代は、国際法上、保護される地位にあると敵に信じ込ませるような外見をして誤解させること、すなわち休戦旗や降伏旗（ともに白旗）、赤十字の標章、さらには国連旗、中立国の国旗（標識、標章、制服）を使用することは、敵の国旗（同前）を使用することと同様、陸戦規則（二十三条へ項）やジュネーブ諸条約第一追加議定書（三十七条一項a、d号）で禁じられている。

さて、榎本軍決死のアボルダージュはどうなったか。

全速力で「甲鉄」へ向かった奇襲は成功しかけたが、「回天」は外輪船（舷の外側に推進動力装置がある船。外車船ともいう）のため横付けできず、船首が「甲鉄」の船腹に乗り上げる形となって三メートルもの高低差ができてしまい、兵が斬り込もうにも移乗に苦労することになった。また細い艦首から乗り移るため、少人数が逐次《ちくじ》、「甲鉄」に飛び降りることになり、個別撃破にさらされた。

「回天」の艦首から飛び降りる旧幕府兵は、「甲鉄」に装備されていたガットリング砲（回転式の機関銃）の格好の標的となってしまい、アボルダージュは完全な失敗に終わった。「回天」艦長・甲賀源吾《こうがげんご》、旧新選組の野村利三郎《のむらりさぶろう》など一九名が戦死した。

11 「日の丸」を掲げた旧幕軍が降伏

一八六九年六月二七日

戊辰戦争における新政府軍と旧幕府軍との最後の戦闘が箱館戦争である。榎本武揚幕府海軍副総裁は、江戸城開場後の徳川家が約八万人の旧幕臣を抱えることは至難であることから、彼らを蝦夷地に移住させて開拓にあたらせ、前項で述べたように新政権を打ち立てようと画策、併せて南下政策をとるロシアに対応しようとした。

榎本は「富士山丸《ふじやま》」「観光丸《かんこう》」「朝陽丸《あさひ》」「翔鶴丸《しょうかく》」の四隻を新政府に引き渡すが、「開陽」以下、八隻からなる旧幕府艦隊で品川沖から北上した。仙台で、新選組で聞こえた土方歳三《ひじかたとしぞう》らを加え、約三〇〇〇の兵力で上陸を果たすと、旧暦一〇月二六日に五稜郭《ごりょうかく》へ無血入城し、次いで松前城《まつまえ》を攻略した。

対する新政府側は、津・岡山・久留米《くるめ》などの藩兵約一〇〇〇名を海路で青森に送り、さらに山田顕義《やまだあきよし》(後の日本大学「学祖」)奥羽征討軍参謀が長州の徳山《とくやま》藩兵を率いて青森に入ったが、防寒具など冬季戦の準備がなかったため、箱館征討は次の春を待つことにした。

翌年三月には松前《まつまえ》、弘前《ひろさき》両藩兵を中心に、新政府軍の約八〇〇〇名が青森に集結した。

一方、旧幕府軍は新政府軍の新鋭艦「甲鉄」の奪取を企て、宮古海戦となったことは先述したとおり。これに勝利した新政府軍の艦隊は、山田参謀率いる一五〇〇名を北海道南西部、日本海に面した乙部《おとべ》に上陸させ、江差《えさし》を奪還すると、黒田清隆《くろだきよたか》（後の首相）参謀率いる二八〇〇名と増援部隊が江差へ上陸し、松前、木古内《きこない》、矢不来《やふらい》、二股口《ふたまたぐち》などで激戦を展開して一進一退となった。しかし、旧幕府軍は補充兵力に勝る新政府軍に退路を断たれる危険があったため、五稜郭へ撤退せざるを得なくなった。

旧暦五月一一日、新政府軍は箱館総攻撃を開始、海陸両方から迫った。黒田参謀率いる新政府軍七〇〇名が箱館山の裏側に上陸し、絶壁をよじ登って山頂に到達する。

旧幕府軍は箱館の市街地に火を放ち、これにより八七二戸が焼失。市街を制圧した新政府軍に対して、土方は孤立した弁天台場《べんてんだいば》の救出に向かうが、指揮中に狙撃され戦死する。「蝦夷共和国」と称した榎本軍幹部（閣僚級）八名のうち戦死したのはこの土方だけだった。

このあと「甲鉄」は五稜郭に艦砲射撃を始めた。榎本がオランダ留学時に入手した『海律全書』を焼失させないよう、黒田に届けさせたのはこのときのこと。黒田は『海律全書』への返礼として、礼状とともに酒樽五樽・鮪《まぐろ》五尾を五稜郭に送り届けている。

榎本はこの厚意に軍使を遣《つか》わし、返礼と翌朝七時までの休戦を申し出、合議の上、降伏を決定する。一八日昼には「日の丸」を掲げていた五稜郭が開城、約一〇〇〇名が武装解除となった。グレゴリオ暦（現行の太陽暦）一八六九年六月二七日のことだった。

コラム　榎本を赦《ゆる》した明治政府

黒田清隆は榎本武揚の能力を高く評価しており、一八七四（明治七）年、榎本は初代駐露公使としてサンクトペテルブルクに着任した。当然のことだが、モスクワの日本大使館には榎本から原田親仁《はらだちかひと》大使（前ロシア担当政府代表）までの歴代公館長の額入り写真が掲額されている。

当時、樺太《からふと》における日露間のバランスが大きく崩れつつあったが、榎本の尽力で一八七五年に「樺太・千島《ちしま》交換条約」を締結する。日本がそれまで日露両国民の雑居（混住の）地であった樺太を放棄し、代わりに得撫《うるつぷ》島から千島列島の最北端・占守《しゆむ》島まで一八島を得たのである。

最北端の占守《しゆ》島にも「日の丸」が掲げられた。戦前は「蛍の光」の四番で「千島の奥も沖縄も八洲《やしま》のうちの守りなり」と歌われていた。

帰国後の榎本は外務大輔《だゆう》、海軍卿、駐清特命全権公使を務め、内閣制度発足後は、逓信《ていしん》、文部、外務、農商務の各大臣を歴任、子爵に叙されている。

12 南極点に立てられたノルウェー国旗

一九一二年一月一七日

人類史上初となる南極点への到達をめぐって、イギリスのロバート・スコット隊とノルウェーのロアルド・アムンセン隊の間で熾烈《しれつ》な競争が勃発したのが一九一〇年のこと。ともに翌一九一一年一月、南極大陸には上陸したものの南極点への到達は果たせず、一度は引き揚げて、翌シーズンの再チャレンジとなった。

再度の挑戦に際し、スコット隊は華々しい壮行会と報道で大騒ぎ、対するアムンセン隊は静かに故国を発《た》って、ひたすら南へと極点を目指した。

アムンセンは、船で最も南極点に近づくことができる場所として鯨《ホエールズ》湾を極点への出発地に選び、同年一〇月、犬橇《いぬぞり》で向かった。「魔王の舞踏室《デビルズ・ボールルーム》」の名で呼ばれる危

1911年12月15日、南極点に到達したアムンセン一行。左からアムンセン、ハンセン、ハッセル、ウィスティング。撮影は5人目のメンバーであるビヤーラン

険な氷河、氷の割れ目に落ちる犬。「顔の左半分は傷になってリンパ液と膿《うみ》に覆《おお》われていた」と、厳しく危険な冒険を自著に綴っている。

一二月一四日、アムンセン以下五名は南極点に到達、ノルウェー国旗（口絵15）を立てた。アムンセン隊は三日間そこに滞在した後、小型テント、食料、防寒具、トナカイ革の寝袋、余分の計器などを残し、ノルウェー国王とスコットに宛てた二通の手紙を置いて去った。

帰途に全員が遭難死した場合に備え

て、次に到着する探検者に託したのだ。スコット宛ての手紙には自《みずか》らの南極点到達を報告する「ノルウェー国王に宛てた手紙を持ち帰ってほしい」というメッセージを同封した。

一七日の日記には「帽子を取ってテントと旗に別れの挨拶《あいさつ》をした時は厳粛《げんしゅく》だった」「みんな何度も振り返り、極点のテントに最後の一瞥《いちべつ》を送った。霞がかった白い大気がふたたび立ち込め、われらが小さな国旗は視界から消えていった」とある。

帰路は順調だった。犬橇とスキーにより、往復一八六〇マイル（二九七六キロ《メートル》）を九九日間で走破した。

一方のスコット隊とは大晦日《おおみそか》に、約一〇〇マイル（一六〇キロ《メートル》）の〝ニアミス〟をしていたが、互いに知るべくもない。明けて一九一二（明治四五）年元旦、スコット隊ではチョコレートの特別給付があった。一月四日、スコット隊はエヴァンズ副隊長（大尉）以下の三人のサポート隊員と離れ、スコット以下五人の極点踏破隊員のみの編成になった。スコットらはひたすら橇《そり》を曳《ひ》いた。

本来は四人であったはずが「スコットの優柔不断、または気弱」（本多勝一《ほんだかついち》『アムンセンとスコット』教育社）な性格から一人増えた。それでも「アムンセンに完敗していることも知らぬ五人の士気はきわめて高く、スコットも先を急いでぐんぐん一行を引っ張っていった」（同）。

一〇日、極点まで一六七キロ。緯度でいうとあと一度半、そこに最後の補給所を設置した。一五日、スコットは日記に記した。「極点にノルウェーの国旗を発見し、ゾッとするような可能性がある」。時間がかかりすぎていた。

一六日、バワーズ隊員が遥か遠方の雪原の中に雪塚を発見した。あたりにはスキーや犬の足跡も認められた。スコット隊の衝撃は大きかった。他方この日、日本の白瀬《しらせ》矗《のぶ》陸軍輜重《しちょう》中尉の探検隊もまた南極大陸に第一歩を印している。

一七日、気温がとくに低い。零下三〇度。日記には「アムンセン隊の足跡がはっきりついていて、立派な道案内をして」くれた、とある。白夜《びゃくや》、スコット隊の五人は極点に到達した。

そこで見たのは、三四日前にアムンセンらが立てたノルウェー国旗だった。スコットは自らの不運を嘆いて「神よ、なんということか！　ここは酷《ひど》く恐ろしい土地だ」と日記に書いた。筆跡が震えている。

一八日、スコットらは天測により自らが極点と算出した地点に「哀《あわ》れなユニオン・ジャック（poor slighted Union Jack）」を立てた、と記している。スコットはアムンセンが残した自らの敗北証明というべき手紙を持って帰路に着いた。この行為は英国紳士であるとして名声を高めるが、あとは一四八〇キロを戻るほかない。

アムンセンらの復路は好天にも恵まれ、軽くなった橇で快走を続けた。二五日、一二匹の犬ともども全員無事で、基地に帰りついた。実走距離二九七六キロ、極点への旅は勝利と栄光のうちに終わった。

両隊を比較して成否の原因を探れば、スコット隊は本来、南極調査隊であり、アムンセン隊は初めから南極点到達を目指す探検隊であった。つまり基本的な目的や諸条件が違っていたのである。

失望に覆われたスコット隊は帰途、三月二九日までに全員が死亡した。一人、また一人と、衰弱と凍傷で絶命。しかし、そのような状況にあっても、スコット隊は南極調査隊としての使命を昗たそうとして、標本採集を継続していた。

不運は続き、例外的な荒天がスコットをはじめ残る三人を襲う。ここまでたどり着けさえすればという補給所まで、あと二〇キロ足らずのところで猛吹雪に見舞われ、テントでの待機を余儀なくされる。一〇日間も吹き荒れた吹雪のもと、残る食料は二日分だけだった。

スコットは、亡くなったと推測される三月二九日の日記に「体は衰弱しつつあり、最期は遠くないだろう。残念だがこれ以上は書けそうにない。どうか家族の面倒をみてほしい」と書き残した。この日、寝袋に入ったまま、スコット（享年四三）を含む三人全員が動けなくなった。

捜索隊が三人の遺体を発見したのは、次の夏を迎えた半年後のこと。スコットは親友ウィルソンの胸に手をかけ、片方の手で十九世紀の英詩人、ロバート・ブラウニングの詩集を握ったままだった。

南極点でアムンセン隊から委託されていた手紙も、このときに見つかった。「ユニオン・ジャック」が小さなテントに貼り付けられていた。

アメリカは一九五六年一一月、翌五七年の国際地球観測年を記念して、南極点付近に「アムンセン、スコット観測基地」を建設した。

13 白瀬中尉が南極大陸に掲げた「日の丸」

一九一二年一月二八日

現在、活躍している南極観測船は「しらせ」。この船名は明治時代に日本人で初めて南極の地を踏んだ、陸軍中尉・白瀬矗（一八六一〜一九四六）に由来する（正確には白瀬を記念して名付けられた南極の氷河からとった。自衛隊の艦名規則による）。

大和雪原で「日の丸」と三宅雪嶺（雑誌「日本人」を創刊した哲学者）デザインになる白瀬隊の旗を掲げて祈る白瀬ら。右写真は白瀬矗

白瀬にとって探検は、秋田県金浦《このうら》（現にかほ市）で育った子どものころからの夢だった。寺子屋でコロンブスやマゼランの話を聞いて、人跡《じんせき》未踏《みとう》の地を探検しようと決めたのだ。一九一〇（明治四三）年、白瀬が広く一般からの寄付金を基に南極探検計画を発表した当時、南極点は世界の探検家が初到達を競う未踏の地であった。

同年七月五日、「南極探検後援会」が設立され、早稲田大学の創始者である大隈重信《おおくましげのぶ》伯爵が会長となった。二〇四トンという小さな木造帆漁船に、わずか一八馬力の中古の蒸気機関を取り付けるなどの改造を施《ほどこ》して探検船とした。これに「開南《かいなん》丸」と名付けたのは、五年前の日本海大海戦で一躍英雄となった東郷平八郎《とうごうへいはちろう》である。

一一月二九日、白瀬は探検隊員二七名という構成で、東京の芝浦埠頭《しばうらふとう》を出発、気候の悪化などでオーストラリア・シドニーに寄港し、一年二カ月をかけて一九一二年一月一二日、南極大陸のロス海に到着した。

一月一六日に南極大陸に上陸し、その地点を「開南湾」と命名。同日、アムンセンの帰還を待つ「フラム号」に遭遇している。アムンセンが南極点に達したのはおよそ一カ月前、前年の一二月四日である。スコットが南極点に到達したのは、白瀬上陸の翌日だった。

白瀬以下五名の突進隊員は、三〇頭の樺太犬《からふと》が引く二台の橇で南極点を目指した。二八日、零下二〇度前後の厳しい寒気とブリザードのなかで、二台の橇が離ればなれになるなどのトラブルに見舞われ、走行九日、走行距離二八二キロ地点にあたる南緯八〇度五分・西経一六五度三七分で力尽き、一帯を「大和雪原《やまとゆきはら》」と命名した。隊員全員で万歳三唱、同地にスポンサー（あるいはサポーター）である「南極探検同情者」の芳名簿を埋め、「日の丸」を掲揚して、「日本の領土として占領する」と先占《せんせん》による領有を宣言した。

「白瀬ら突進隊五名だ大和雪原で掲揚した『日の丸』は、その場に顕掲《けんけい》したまま帰ってきたと推測されます。なぜなら、彼らの目的は領土権でしたので、その地に着いた証しとして、日章旗を掲揚し続ける必要があったからです」（白瀬南極探検隊記念館の佐藤豊弘《さとうとよひろ》館長）

ただし、白瀬のこの行為だけでは国際法的に先占とは認められず、加えて、第二次世界大戦の敗戦により、日本は南極大陸での領有権の主張を放棄した。また、その後の調査では、この地点は棚氷《たなごおり》（陸上の氷河または氷床が海へ押し出され、陸上から連結して洋上にある氷）であり、領有しうる陸地ではないことも判明した。ともあれ、白瀬はこれ以上進むと食料が足りなくなると考え、極点到達を断念して、学術調査と領土の確保に目的を変更した。

六月二〇日、白瀬は帰朝した。歓迎式には、約五万人ものの熱狂的な市民や学生などが集まり、早稲田大学の学生らを中心に提灯《ちょうちん》行列も行なわれたと記録されている。とはいえ白瀬の後半生は、南極探検のための莫大な借金を返すことに費《つい》やされた。後援会も解散したため、各地を講演して回り懸命に返済したのである。

一九五六（昭和三一）年に初代南極観測越冬隊長となった西堀榮三郎《にしぼりえいざぶろう》（当時、京大教授）は、一一歳のときに京都・南座でその講演を聞いて感動、「いつの日か南極へ」と夢見たという。西堀は米歌「いとしのクレメンタイン」（Oh My Darling, Clementine）のメロディに言葉を当てはめた「雪山讃歌」の作詞者として、筆者の世代にはよく知られている。また、一九二二年にアインシュタイン夫妻が来日した際、通訳として三日間、京都を案内したことなどエピソードの多い人物だ。

借金返済に追われて窮乏していた白瀬だが、一九二七年、報知新聞社の招きで来日したアムンセンと会見している。「ア氏は最初（白瀬）中尉を見るや否や『おう、開南丸！　開南丸！』と大声に幾度も叫び、過ぎし南極探検当時を懐かしむかの如《ごと》く、又盛んに中尉一行の勇敢さを激賞し、互に署名を交換して別れた」（前掲書『アムンセンとスコット』）。

アムンセンは、この来日にあたり各地で講演し、昭和天皇の拝謁《はいえつ》を受けた。しかし翌年、飛行機で北極を探検中、飛行船イタリア号遭難の知らせを聞いて捜索に向かい、自らも行方不明となった。

14　織田幹雄《おだみきお》、日本初の「金」で掲揚した国旗とは

一九二八年八月二日

二〇一九年のNHK大河ドラマ「いだてん～東京オリムピック噺《ばなし》～」には、秀吉《ひでよし》も大石内蔵助《おおいしくらのすけ》も西郷《せご》どんも出ない。主人公の一人はマラソンの金栗四三《かなくりしそう》である。

一九一二年五月一六日、日本は第五回オリンピック・ストックホルム大会に初参加

するため、IOC委員の嘉納治五郎《かのうじごろう》団長以下、選手二名役員二名の日本選手団が新橋《しんばし》駅を発った。敦賀《つるが》から船でウラジオストックに渡り、シベリア鉄道でスウェーデンのストックホルムまで約三週間の旅路である。明治の掉尾《ちょうび》を飾るかのような、日本のオリンピック初参加であった。

金栗がマラソンに出場したのが七月一四日、明治天皇が崩御《ほうぎょ》されたのが約二週間後の三〇日である。この日をもって明治は終わり、大正に改元された。金栗は崩御の報を帰路、ロンドンのヴィクトリア駅で知ったという。

日本人が初の金メダルに輝いたのは一九二八(昭和三)年のアムステルダム五輪、三段跳びの織田幹雄である。記録は一五《メートル》二一。当時の写真(左)を見ると、両脇に並んだ二位のフィンランド、三位の米国の国旗より、「日の丸」はかなり大きい。組織委に「日の丸」の用意がなかったので、日本選手団が持ち合わせた旗を使ったと伝えられている。表彰式は八月二日に行なわれた。

織田の優勝を讃える表彰式で。右のフィンランド国旗と比べると「日の丸」はいかにも大きい。当時の映像から

日本人の優勝は想定外だったからとの説もあるが、一九二四年のパリ五輪で六位に入っている織田の実績からして、三位入賞の可能性まで考慮しなかったというのは、一九六四年の東京、一九九八年の長野の両五輪で国旗を担当した身としては、いささか腑《ふ》に落ちない。案外、われらが「極東の小国」は当時、粗略に扱われていたのかもしれないが、大きな「日の丸」を短時間に歪《ゆが》むことなく縫い付けて製作するのは難しいこともあり、組織委が国旗の準備に困惑したことは確かだろう。

この件について、朝日新聞運動部出身の中条《ちゅうじょう》一雄《かずお》は、同じ広島県出身の織田にも取材した上で、自身のウェブサイト『スポーツ炉辺閑話』で概略次のように書いている。

「表彰式用の日の丸が用意されていないことを知った南部忠平《なんぶちゅうへい》が秩父宮《ちちぶのみや》から下賜《かし》された旗を表彰台の下まで走って持ち込み、異様に大きな日の丸が揚《あ》がったのだ、と言うが、この話は、そのころ後進国だった日本の優勝が予想外だったということを誇張するために作られた話だと筆者（中条）は考えている。織田は前回のパリ大会で六位に入賞していたので知られていないはずはない。さらに、オランダには既《すで》に日本公使館があったし、組織委が日の丸を用意していなかったとは考えられない」

真相は不明。もしかして、優勝者の国旗は予《あらかじ》め少し大きくしていた？　まさか。

15　金銀銅、「日の丸」が三つ上がったロス五輪背泳　一九三二年八月一二日

戦前戦後の日本スポーツ界、日本とオリンピックについて語るとき、その名を忘れ

1932年のロス五輪100メートル背泳ぎで日本選手が金銀銅、表彰台を独占した

ゴール直後の清川、入江、河津（右から）。上下２点とも清川正二『私のスポーツの記録』（ベースボールマガジン社）より

ることのできない偉人が何人かいる。

柔道の創始者で東洋初のIOC（国際オリンピック委員会）委員の嘉納治五郎、日本初の金メダリスト・織田幹雄、一九六四年の東京オリンピック招致に尽力した田畑政治《たばたまさじ》、その東京オリンピックの選手団長を務め、スポーツと国際協力に功績を残した大島鎌吉《おおしまけんきち》、日本におけるスポーツ医学の草分けとなった東龍太郎《あずまりようたろう》……そして、彼らとともに清川正二《きよかわまさじ》（一九一二〜九九）の名を忘れることはできない。

清川は一九三二（昭和七）年、名古屋高商（現名古屋大）在学中に、ロス五輪一〇〇m《メートル》背泳ぎで、みごと「金」。このときは二位が入江稔夫《いりえとしお》、三位が河津憲太郎《かわつけんたろう》で、日本選手が表彰台を独占する。五輪史上、これは日本初の快挙だった。その後の表彰台独占は一九六八年のメキシコシティ五輪での体操床運動と、一九七二年の札幌冬季五輪・スキージャンプでの「日の丸飛行隊」のみ。過去三度しかない。

一般社団法人日本トップリーグ連携機構のHPによると、成績は、清川が一分〇八秒六、入江が一分〇九秒八、そして河津が一分一〇秒〇だった。清川が二五m《メートル》付近でトップに立つと、そのまま自己ベストを一秒も短縮し、世界記録（当時）にわずか〇秒四及ばないだけの好タイム、まさに日本トリオの独壇場だった。

オリンピックの上位三人を表彰するための表彰台が用意されたのは、このロス五輪から。それだけに清川らのメダルの独占は、いっそう引き立った。

清川は日記に「前半三一秒八で絶好のペースだった。ターンした後は人の事も何も構わず、ゴールにブッかる迄唯《までただ》泳いだ」と書き、「清川、入江、河津の順だとの事。本当ですかと言ふと、本当だと言ふ。水から上がるとニュース・カメラに摑《つか》まって寒くなる迄引き留められた。それが終わったら今度は新聞記者に取り囲まれて質問攻めだ」。さらに、宿舎に戻り「一風呂浴びてから、市内の放送局に行って日本向けのラジオ放送をする」と書いた。

一九八八年のソウル五輪水泳男子一〇〇㍍《メートル》背泳ぎ表彰式で、清川はＩＯＣ委員として、鈴木大地《すずきだいち》（現スポーツ庁長官）にメダルを授与した。清川にとって鈴木はこの種目で自分以来初の日本人金メダリストだった。

一九歳、名古屋高商に在学中の清川は、優勝を「ピンとこなかった」と書いているが、新聞を見て「『一夜あけたら有名になっていた』という英国の詩人バイロンの言葉を思い出した」とも書き残している。また、翌日、排日運動が激しいロサンゼルスで、日本人学校の子どもたちが堂々と「日の丸をかついで大手を振って街を歩いた」と聞かされたとき、勝利を実感したそうだ。

清川はその後、一九三六年のベルリン五輪でも「銅」。第二次大戦直後から約七年間にわたって日本代表のヘッドコーチを務めた。

ロス五輪での金メダルには後日談がある。清川が兼松江商《かねまつごうしょう》の上海勤務だった戦時下の一九四四年、貴金属などの供出を求める国策に従って、故郷の愛知県豊橋《とよはし》市に住む母親が金メダルを市役所に差し出した。だが、このとき応対した職員は「私たちに勇気を与えてくれた大切なメダルです。書類上は供出したことにしますから、持ち帰ってください」と戻したという。頭の柔軟なお役人もいたということだ。

コラム　掲揚塔の高さが織田幹雄の優勝記録を示す

一九六四年一〇月一〇日に国立競技場で行なわれた東京オリンピック開会式で、五輪旗は第四コーナー付近の「織田ポール」に掲げられた。このポールは織田幹雄のアムステルダム五輪・三段跳び優勝記録一五メートル二一と同じ高さになっていた。しかも太さが三段になっており、それぞれホップ・ステップ・ジャンプの長さを示すものだった。

16　ナチス旗の掲揚を拒否して一家で亡命

一九三八年ころ

大ヒットした映画「サウンド・オブ・ミュージック」については多言を要すまい。亡くなった前妻の子どもたちと結成した「トラップ・ファミリー合唱団」の実話を基に作られたものだが、実際の一家の苦闘とはかなり異なった物語となっており、トラップ家の人たちはこの映画を、必ずしもよく思ってはいないようだ。

子どもたちの父親、ゲオルク・L・フォン・トラップ（一八八〇〜一九四七）元オーストリア＝ハンガリー帝国海軍少佐《ルタナント・コマンダー》（映画では大佐《キャプテン》）は、第一次世界大戦に潜水艦の艦長として従軍し、フランスの装甲巡洋艦「レオン・ガンベタ」、イタリアの潜水艦「ネリーデ」を撃沈してオーストリア海軍の国民的英雄とされた人物である。映画ではひどく厳格な父親として描かれているが、実際はとても優しい人格者だったらしい。

一九二七年、子どもらの家庭教師だったマリア・クチェラと再婚し、前妻との子どもたち（七人、映画でも同数）とマリアの子どもたち（三人、映画には登場せず）でトラップ・ファミリー合唱団を結成して活躍した。

一九三五年のザルツブルク音楽祭に家族で参加して優勝。その後、ヨーロッパ各地でコンサート活動をしていたが、一九三八年二月にオーストリアがナチス政権下のド

マリアとの新婚旅行から戻り、邸に掲げられていたナチス・ドイツ国旗を引き裂くトラップ大佐。映画「サウンド・オブ・ミュージック」（20 世紀フォックス ホーム エンターテイメント ジャパン）より

イツに併合されてしまい、トラップ家の運命は激変する。オーストリアはヒトラーの出身国である。

これを嫌うゲオルクは、ナチスの旗の掲揚やドイツ海軍からの召集も拒否、さらにヒトラー総統の誕生日にミュンヘンで歌うことを要求され激怒し、ともに行動することに決めたフランツ・ヴァスナー神父とともに、列車で欧州各地を経て英国のサウザンプトンからアメリカへ渡っている。

トラップ・ファミリーはアメリカでの

ビザが失効すると北欧へ渡ったが、一九三九年九月にドイツ軍がポーランドへ侵攻して第二次世界大戦が勃発、翌一〇月にふたたびニューヨークへ旅発ち、亡命が受け入れられたのだった。

映画は深夜に山越えしてスイスに逃れるシーンで終わっている。

17 歯舞《はぼまい》・色丹《しこたん》でも万国旗を飾って運動会

一九三七年と一九三九年

左ページの写真は、戦前、おそらくは一九三二年、歯舞群島のひとつ、多楽《たらく》島・古《ふる》別《べつ》の多楽尋常《じんじょう》小学校と、色丹島・斜古丹《しゃこたん》尋常小学校での運動会のひとコマである。まさに、筆者が故郷・秋田の小学校で経験したことそのままの懐かしさだ。体の大きさと組体操の様子からして、もしかしたら多楽島のほうは、高等小学校の生徒の演技かもしれない。

（上）多楽島・古別の多楽尋常小学校での運動会（1937 年）
（下）色丹島の斜古丹尋常小学校での運動会（39 年）
写真はいずれも独立行政法人北方領土問題対策協会提供

カラー写真の時代ではないので、どこの国旗かは判別できないが、そこには万国旗。色とりどりの国旗が揺れていた。

多楽島は歯舞群島の中で最北に位置し、地形は平坦。戦前の人口は二三一世帯一四五七名。江戸時代から昆布漁やニシン漁が盛んで、明治になってからは放牧も行なわれていた。一九五〇年代に地震と津波が襲い、住民はいない。

他方、色丹島は面積二五五・一二平方キロ平方メートル《メートル》、日本で一三番目の大きさを持つ島だ。カニ、ニシン、サケの漁が盛んなところである。戦前の人口は一四九九人というから、多楽島とほぼ同じ。天然の良港として知られた穴澗《あなま》は、現在ロシア語で「クラブザボーツコエ」（蟹工場）と呼ばれるが、今でもカニの水揚げが多い。

歯舞・色丹はもとより、国後《くなしり》・択捉《えとろふ》も、法的・歴史的に日本固有の領土であることはあらためて述べるまでもない。万国旗を掲げたこんな運動会の光景、必ず取り戻したい。

18　孫基禎《ソンギジョン》優勝で「日の丸」が消された　一九三六年八月九日

一九三六（昭和一一）年のベルリン五輪、マラソンで優勝したのは胸に「日の丸」を付けた孫基禎だった。タイムは二時間二九分一九秒二（五輪新記録）、二位に入った英国のアーネスト・ハーパーに続き、三位も日本の南昇龍《ナムスンニョン》だった。

快挙を報じる号外が全国で撒《ま》かれ、「マラソン世界制覇！　孫選手の力走」（東京朝日新聞）、「覇業成る！　マラソン門に到着の孫選手」（読売新聞）と讃えられた。京城《けいじょう》（現ソウル特別市）はもとより半島各地でも同様、朝鮮語で「万歳《マンセイ》！」が絶叫された。

ご承知のように日本は一九一〇（明治四三）年から一九四五年まで朝鮮を統治した。

孫の朝鮮人であるという意識はかなり強烈なもので、マラソンで優勝し、外国人からサインを求められた際、国名はＫＯＲＥＡとし、名前は漢字の「孫基禎」ではなく、ハングルで「손기정《ソンギジョン》」と記載している。

京城で発行されている「東亜日報《トンアイルボ》」には、胸の「日の丸」を消した表彰式の写真が掲載され、朝鮮総督府（総督：南次郎《みなみじろう》陸軍大将）警務局によって記者の逮捕、無期限の発刊停止処分（実際は一〇カ月）が下された。

一〇月に帰国した孫には警察官が常時張り付き、朝鮮内での歓迎会も大半が中止となった。孫は前年の一一月三日、明治神宮大会で当時の世界最高記録（二時間二六分四二秒）を樹立したときの表彰式でも「なぜ『君が代』が自分にとっての国歌なのか」と涙ぐむこともあったという。こうした経緯を遺憾《いかん》として陸上競技を続ける意欲を失い、翌年、東京の明治大学（予科）に進むも、陸上部には所属しないまま、一九四〇（昭和一五）年、明大専門部法科を卒業する。

「要注意人物」として監視された孫だったが、他方、戦後は昔から親しくしていた日本人への手紙には、日本語読みのローマ字署名を付けるなど、親日的な態度を取りつづけ、日韓友好の架け橋にもなった。

孫の自伝『ああ月桂冠《げっけいかん》に涙』（講談社）に書かれた内容が真実ではないかと思う。曰《いわ》く「日本は筆者（孫）を誇り高き日本代表として、世界スポーツ舞台に日本の威

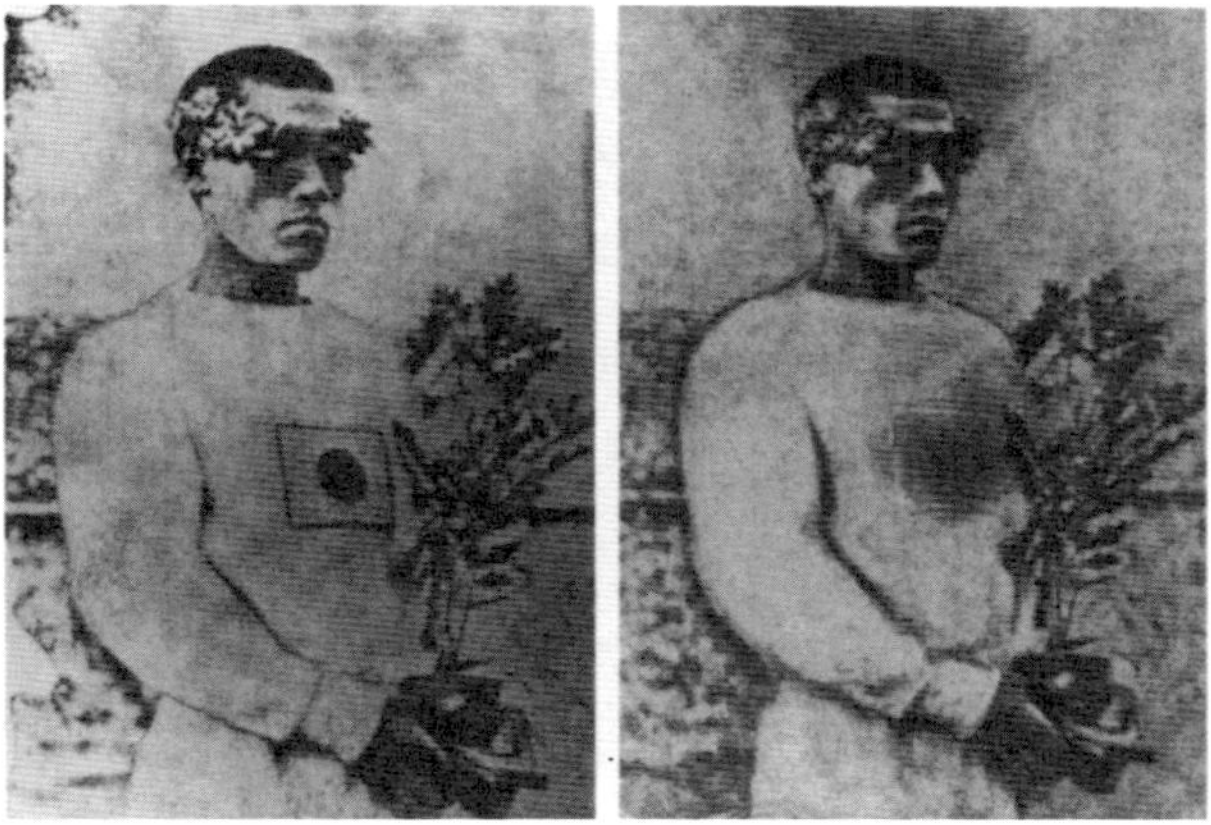

ベルリン五輪表彰式での孫基禎。「東亜日報」は右の「日の丸」が消された写真を掲載し、発刊停止処分を受けた。韓国の独立記念館（天安市）の『独立記念館 展示品 要録（日本語版）』からだが、同書はこの2枚の写真説明を「日章旗を胸に付けた孫基禎と日章旗をはずした様子」としている

力を誇示するための宣伝媒体として利用したかった。朝鮮人は、朝鮮民族を広報せしめる記念碑として、また、眠っていた民族意識を鼓舞《こぶ》させるための覚《かく》醒《せい》剤として、筆者の優勝を歓迎したのだ。（中略）正直、筆者自身も知らない間に、筆者は双方にとって一つの起爆剤的存在になっていた」。

ＩＯＣ（国際オリンピック委員会）公式記録によると、孫の金メダリストとしての国籍はもち

ろんＪＡＰＡＮ。韓国も北朝鮮も自国籍と表記するように求めているが、変更されてはいない。ＩＯＣも一応検討はしたが、両国はベルリン五輪の参加国ではない以上、変更しないと答えた。

当然である。もし、出場した当時の国籍表示をなくしたなら、かつて大英帝国の植民地で現在は独立している地域の出身者をはじめ、一時は東西に分裂していたドイツ、一五カ国に分離した旧ソ連のメダリスト、そして八カ国に分離した旧ユーゴスラビア、「協議離婚」したチェコとスロバキアなど、政治の離合集散の都度《つど》、選手の国籍から大会参加国名まで表示を変えなくてはならなくなってしまう。

韓国には不満もあろうが、七〇余年前までの三五年間、日韓両国は一つの国であったという史実は変えられないし、個別の変更は混乱を招くだけだ。そのとき、どの国旗の下で参加したかに拠《よ》るしかない。ベルリン五輪での孫基禎のアルファベット表示は日本語読みでＫｉｔｅｉ　ＳＯＮ（そん・きてい）であったし、その名で参加し、ＩＯＣ公式サイトにもその名で記録されている。

ちなみに、国立国会図書館関西館（京都）には当時の「東亜日報」がそろっているが、「日の丸」を削除した写真は残されていない。「号外」も裏面は下の約半分が白紙になっている。

コラム　独立回復後の孫基禎

孫基禎は鴨緑江《アムルクガン》を挟んで中国の丹東《タントン》と向き合う国境の街・新義州《シニジエ》で生まれ育った。第二次大戦後の大韓民国の建国（光復《クアンブク》）後、韓国籍となり、コーチとして活動。終戦後まもなく南昇龍らと「マラソン普及会」を結成し、後進の指導に当たった。一九八四年のロス五輪に際し、孫は聖火ランナーとしてロスのコリアン・タウンを約一キロ走り、その後、競技場で「ソン・ギジョン、コリア」と一〇万人の観衆に紹介された。「これでやっと私の長い長い戦いが終わった」と記者たちに語った。

このときならば「コリア」は当然の呼称である。「88（パルパル）オリンピック」と呼ばれた一九八八年のソウル五輪、孫は聖火の最終ランナーの一人として競技場を走った。

19 号外「敵首都の城頭高く感激の日章旗は飜る」 一九三七年一二月一三日

この日、日本軍が中華民国の首都・南京《ナンキン》を陥落せしめ、中山門《ゾンシャンメン》の城頭高く「日の丸」を掲げた。東京日日新聞、大阪毎日新聞が懸賞歌を募集し、当選したのは有本憲《ありもとけん》次《じ》作詞、細川武夫《ほそかわたけお》作曲『日の丸行進曲』（歌・徳山璉《とくやまたまき》）。翌三八年四月に発表された。歌詞は五番まであるが、その四番を紹介しよう。

去年《きょねん》の秋よ強者《つわもの》に　召出《めしいだ》されて日の丸を　敵の城頭高々と

一番乗《いちばんの》りに打ち立てた　手柄はためく勝《かち》いくさ

しかし、同時に筆者が思い起こすのは、一九八九年一二月九日付の「朝日新聞」に掲載された元中学教師・藤原辰雄《ふじわらたつお》氏のこの短歌だ。

侵略とは知らず　中国地図上に　日の丸しるせし　わが少年期

藤原氏は、いわば市井の歌人。戦後、日本人の一部に、大陸での日本軍の行動について当時とは異なる感想を持つようになった人もいるということだ。

この後、日本軍による不法な殺害については多様な論争があり、結着を見ていない。

ただし一〇年ほど前、上海社会科学院と南京師範大学の専門家を訪ねたとき、この問題について中国最高の専門家である二人の教授が異口同音に「日本軍が三〇万人の南京市民を殺害したというのは政治的な数字、私たちは学術的な数字の解明をしなくてはならない」と述べていたことを明記しておきたい。

20 日独伊三国同盟の締結

一九四〇年九月二七日

日独伊の三国は、一九三七（昭和一二）年一一月に防共協定を結んで「東京・ベルリン・ローマ」の枢軸《すうじく》を形成していたが、対米、対英蘭ソ、対蔣介石《ジャンジェシー》中国などの動きを牽制《けんせい》する目的から、この日、軍事同盟関係を結んだ。

これにより、欧州や東アジアにおける「新秩序建設」に関し、それぞれの指導的地位を認め合い、他国による攻撃を受ける場合に相互に援助することが誓約された。その後、枢軸側に与《くみ》した国や友好国も複数加盟した。

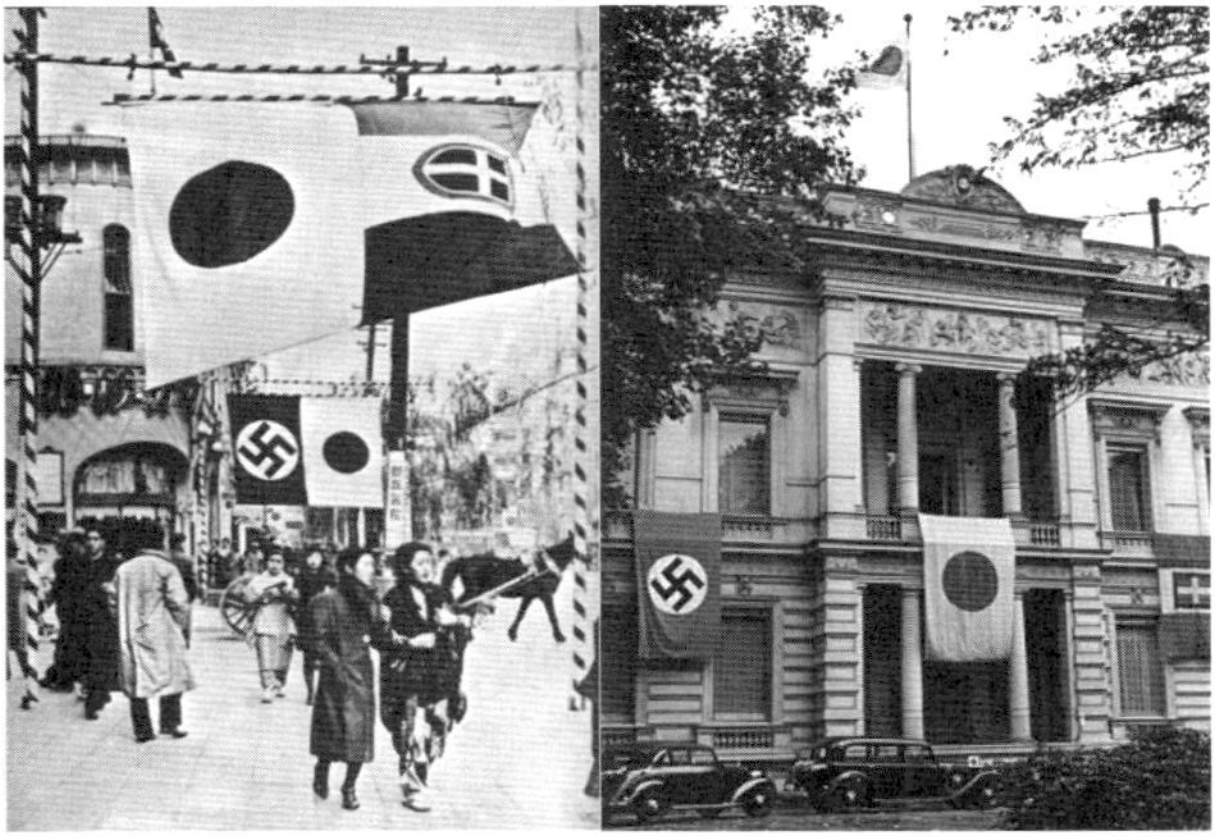

日独伊三国同盟の締結を祝い3カ国の国旗を掲げる銀座通り（左）とベルリンの日本大使館（右）。右は外交史料館提供。左は C.L.Sulzberger, *World War II* より

一九三九（昭和一四）年九月に始まったドイツの武力侵攻は、一九四〇（昭和一五）年六月までには蘭仏両国やデンマーク、ノルウェーなどを占領して、欧州戦線はドイツにきわめて有利な展開となった。このためわが国では、一度は頓挫《とんざ》した三国同盟締結論が再燃、陸軍では「バスに乗り遅れるな」との合言葉の下《もと》、蘭領インドネシアやマレー半島を手に入れるべしという「南進論」が高まった。陸海軍内での議論に加え、天皇を含む政府内での議論は複雑に

絡《から》み合う。

そうした中、一九四〇年九月七日、ドイツからハインリヒ・スターマー特使が来日し、松岡洋右《まつおかようすけ》外相と協議、スターマーは欧州戦線へのアメリカ参戦を阻止するためとして同盟締結を強く提案し、松岡も対米牽制のために同意した。

九月一五日に海軍首脳会議が開かれ、軍令部総長の伏見宮博恭王《ふしみのみやひろやすおう》が「ここまできたら仕方ないね」と発言、大角岑生《おおすみみねお》軍事参議官（犬養毅《いぬかいつよし》内閣の海相）がこれに同意、それまで同盟に反対していた山本五十六《やまもといそろく》連合艦隊司令長官は「条約が成立すれば米国と衝突するかもしれない。現状では航空兵力が不足し、陸上攻撃機を二倍にしなければならない」と発言したが、会議は消極的に同盟受諾の形で終わった。

九月二七日、東京の外相官邸とベルリンの総統官邸において調印式が行なわれ、銀座ではこれを祝う三国の国旗が並ぶなど、少なくとも表面上は祝賀ムードになった。

しかし、この三国同盟により日本は英米両国との対立をいっそう深め、一九四一（昭和一六）年一二月八日、日本は開戦する。これにともない同盟はさらに強化されたが、一九四三（昭和一八）年九月のイタリアの連合国への降伏により、同盟は崩壊したのであった。

21 パリ解放――エッフェル塔や凱旋門《がいせんもん》に三色旗《トリコロール》

一九四四年八月二五日

一九四〇年六月一〇日、パリはナチス・ドイツ軍の手に落ちた。このフランスの首都がふたたびフランス人の手に戻ったのは、四四年八月二五日のことである。つまり四年余、この都にはナチスのハーケンクロイツ（鉤《かぎ》十字）旗が掲げられていたのだ。

解放の日の午前〇時、英国の第四歩兵師団司令官Ｌ・バートン少将は、第十二連隊にパリ進出命令を発した。次いでフランスのＦ・ルクレール少将も第二機甲師団の本隊を三分割して市内に突入させた。各部隊はドイツ軍の抵抗と市民の大歓迎にあいながら、午前一一時三〇分には第十二連隊がパリ南東部を占拠、フランス人部隊もエトワール広場に到着し、フランス三色旗（口絵16）を四年二カ月ぶりに凱旋門に掲げた。

正午、エッフェル塔の頂上にシーツで作った三色旗が掲げられた。この旗を掲げたのは四年前のパリ陥落の日、ハーケンクロイツ旗を掲げるため、三色旗を降ろすことを命じられた消防士その人だった。

フランス部隊のうち右翼を進んでいた一隊は、ドイツ軍の司令部があるオテル（ホテル）・ムーリス近くに進出し、ドイツのパリ防衛司令官D・V・コルティッツ大将に降伏勧告を行なったが、受け入れられなかった。これに先だって、ヒトラーはやむを得ずパリを放棄する場合には、街を焼きはらえと厳命していた。

午後一時、ヒトラーは最高司令部作戦部長W・ヨードル元帥に「パリは燃えているか？」と三回にわたって訊《き》き質《ただ》し、長距離砲やV1ロケット、空襲などあらゆる手段でパリを灰にするよう命じたが、結局、この焦土《しょうど》作戦は実行されなかった。

同じころ、フランス軍二〇〇人がオテル・ムーリスへの攻撃を始め、コルティッツ大将も降伏を覚悟し始めた。ただ、正規軍である連合軍に降伏することはできても、

ナチス・ドイツからの解放後、シャンゼリゼ通りを行進する自由フランス軍第２機甲師団の車列とパリ市民。凱旋門にフランス三色旗が掲げられた

フランス亡命軍に降伏することはできないと考えていた。

午後一時一〇分、フランス軍のＨ・カルシニ中尉は司令官室に乗り込んだが、緊張のあまり“Können Sie Deutsch sprechen?”（ドイツ語を話せるか？）とドイツ語で叫んだ。「貴官よりいくらか上手だと思う」と落ち着いて答えたコルティッツ大将は降伏する旨を伝え、武装解除を受け入れた。このあたりのことは仏米合作の映画「パリは燃えているか」の描写がいい。

ドイツ軍降伏を知ったパリ市民は、

三色旗をあちらこちらに掲げるとともに、さまざまな報復を行なった。対象になったのは過去四年間にドイツに協力した者、民兵団、親独のヴィシー政府の関係者としてドイツに従った「協力者《コラボラシオン》」。次々に処刑していった。また、ドイツ軍将兵と個人的な関係を持ったり、親しい行動をとっていたフランス人女性は髪を丸刈りにされ、裸体にナチスの鉤十字を描かれるなど、晒《さら》し者となった人たちもいる。

二九日には、米第二十八歩兵師団によるパレードが行なわれた。アメリカ軍と自由フランス軍の車両がパリの道路を進むと、喜びに満ちた群衆が大歓迎した。以後、毎年八月二五日にはパリ解放を記念する式典が開かれる。

コラム　アフガンで戦死した仏将兵の追悼式典

二〇一四年一一月一一日、過去一一年間にアフガニスタンで亡くなったフランス兵一七人の追悼式典がパリで行なわれ、エトワールの凱旋門には大きな「三色旗《トリコロール》」が飾られた。

　フランソワ・オランド大統領（当時）夫妻も参列した。国旗と同じ三色の花が飾られ、厳粛な中にも趣《おもむき》のある、フランスらしい式典であった。

22　硫黄島《いおうとう》・擂鉢山《すりばちやま》の「星条旗」　一九四五年二月二三日

　アメリカ・ワシントンD.C.郊外のアーリントン墓地に、巨大なブロンズ像「合衆国海兵隊記念碑」がある。太平洋戦争の硫黄島の戦いで、同島の小高い山地の一つである擂鉢山（標高一七〇メートル）を米海兵隊員が占拠し、四八星の「星条旗」を立てようとする姿を表現したものだ。

　先年、筆者はそのアーリントン墓地に行った。また擂鉢山に立つ機会もあり、山頂に建立されたさまざまな慰霊碑を目にした。とても七〇年も前のこととは思えず、墓地でも山頂でも、厳しい戦闘を思い浮かべて厳粛な気持ちになった。

硫黄島での戦いは、一九四五（昭和二〇）年二月一九日の上陸作戦から始まり、三月二六日にかけて、栗林忠道《くりばやしただみち》中将以下二万二七八六名の日本軍を約一一万人の米軍が取り囲んで展開された、太平洋戦争最大の島嶼《とうしょ》攻防戦である。日本軍の死者は一万七八四五〜一万八三七五名とされ、捕虜はわずかに一〇二三名を数えるのみだった。

対する米軍側は戦死六八二一名、戦傷二万一八六五名。これは単独の戦闘における米軍史上最大の死傷者数であり、硫黄島上陸当日における戦死者数五〇一名は、一日の戦闘によって生じた戦死者数としては、海兵隊創設以来、現在に至るまで最大である。米海兵隊の兵員たちは、山中に掘られた日本軍の小さな陣地からの攻撃で予想以上の苦戦を強《し》いられた。

悲惨な戦いの様子は、第三十七回大宅壮一ノンフィクション賞を受賞した梯《かけはし》久美《くみ》子《こ》の『散るぞ悲しき』をはじめ、多くの書籍に描かれている。米軍は当初、五日間で攻略戦が終えられると踏んでいたが、実際には三六日間も戦闘が続いた。硫黄島は、

ワシントンD.C.郊外のアーリントン墓地にある「合衆国海兵隊記念碑」。硫黄島の擂鉢山頂上に星条旗を立てる兵士たちのブロンズ像だ

サイパンなどマリアナ方面から日本に向かう爆撃機の安全と効率を確保するために、戦略上の重要な地位を占めていたので、その攻防に両軍必死の激戦となった。

米海兵隊は大きな被害を受けつつも、ひとつひとつつぶしながら前進、斜面をよじ登り、上陸開始から四日後の二月二三日午前一〇時一五分、ついに擂鉢山頂上へ到達したのだった。

付近に落ちていた鉄パイプを旗竿

代わりにして、まず二八インチ×五四インチ（約七一センチ×約一三七センチ）の「星条旗」を掲げた。アーリントン墓地の「合衆国海兵隊記念碑」は、まさにこの瞬間を表わしたものである。ただし、掲げられた国旗については、こんなエピソードもある。

海岸でこの光景を目撃したジェームズ・フォレスタル海軍長官は、傍《かたわ》らにいたホーランド・スミス海兵中将へ「これで海兵隊も五〇〇年は安泰だな」と語り、その旗を記念品として保存するよう望んだのだという。海兵隊は設立当初から存在意義が問われ続けており、予算も縮小されがちだったのが、それを吹き飛ばすような、海兵隊でなければなしえない戦果をアピールしようとしたのである。

そこで、上陸用舟艇《しゅうてい》の乗員が提供した約一五〇センチ×約二四〇センチの大きな旗と入れ換えることになり、その際、AP通信のカメラマンであるジョー・ローゼンタールが、まさに「敵の重要地点を奪った海兵隊員たちが、戦闘の最中に危険を顧《かえり》みず国旗を掲げた」瞬間を捉えたような印象を与える写真を撮ったのだった。つまり、宣伝用の〝やらせ写真〟だったと言えなくもないのだが、この写真は同年のピューリッツァー賞を受賞している。

山頂に米国旗を掲げた六名の海兵隊員のうち、その後の戦闘で生き残ったのは三名のみ。彼らが所属していた中隊二五〇名のうち生存者はわずか二七名だったという。

この写真は、米国民に強い印象を与えた。そのころ、戦費調達のための国債は販売不振が続いていたが、写真の発表後、三名の〝英雄〟は急遽、本国に召還されてキャンペーンに駆り出された。国債の売れ行きは目標額の二倍に達し、苦境にあった財政は持ち直した。後に写真は切手になり、旗竿も含めれば高さ約二〇メートルという巨大なブロンズ像となって米国民の心の拠り所になったのだった。

硫黄島の激戦をアメリカ側の視線で描いた、クリント・イーストウッド監督の映画「父親たちの星条旗」の原作者、ジェームズ・ブラッドリー氏は、写真の六人の中の一人とされるジョン・ブラッドリーの息子である。

写真のジョン・ブラッドリーは、装備などの違いから別人ではないかと指摘されて、こう答えていたことが「週刊新潮」（二〇一六年五月一九日号）に載っていた。「写真は父ではないと思える。政府に命じられたのでしょう。ただ、戦時の父の手紙から、国旗に関わっていたことは間違いない。父が掲げたのは最初の国旗だったと信じています」

父親は生涯、家族にも硫黄島について何も語らなかったという。〝英雄〟の話をせがむ幼い息子には「本当の英雄は、帰ってこなかった男たちだよ」とだけ答えたという。写真が二回撮られたことは、二〇一六年六月になって海兵隊も認めた。

23 ベルリン陥落でドイツの議事堂にソ連国旗　一九四五年五月二日

左ページの写真は、一九四五年五月二日、エフゲニー・ハルディによって撮影され

1945年４月30日、ベルリンの国会議事堂でソ連兵がソ連国旗を掲揚する「歴史的瞬間」。ヒトラーはこの日、ベルリンの地下壕で自決した（上写真の撮影はその２日後）　dpa／時事通信フォト

た「国会議事堂《ライヒスターク》の赤旗」。第二次世界大戦のベルリン攻防戦の最終段階で、ソ連軍の兵士が自国の国旗をドイツの国会議事堂の最上部に掲げた歴史的な一枚である。

数千の出版物に掲載され大きな人気を博し、第二次世界大戦の最も重要な写真の一つとして世界中に認知されるようになった。

この国会議事堂はドイツ皇帝《カイゼル》ウィルヘルム二世の戴冠《たいかん》直後である一八九四年に建造され、ドイツ憲政史上、最も権威ある建物とされていた。当時における最高レベルの建造物であり、ソ連軍はこの建物がヒトラー率いるドイツ第三帝国の象徴であると認識していた。議事堂内では銃と手榴弾《しゅりゅうだん》中心の激闘の末にソ連軍が制圧、ロシア史でいう「大祖国戦争」（第二次世界大戦）の勝利者となった。

ただし、硫黄島の「星条旗」掲揚と並んで有名なこの写真も、後日、改めて再現写真として撮影されたものである。ソ連軍の従軍カメラマンだったエフゲニー・ハルデイは、兵士の中から希望者を募《つの》って再現写真の撮影を行なった。国旗の翻り方、焦点の当て方が完璧なのには、そのことも関わっているのだろう。

赤軍（ソ連の地上軍）は、メーデー（五月一日）に先立って四月三〇日に国会議事堂に猛攻を加えており、大穴の開いたドームに二機の赤軍機が大きな赤旗を投下している。すれすれに飛んで、この象徴的な建物に赤旗を掛けようとしたのだ。

また、M・M・ボンダル麾下《きか》の第三八〇狙撃《そげき》連隊とV・N・マコフ率いる第七五六狙撃連隊のいずれかが、この日のうちにドイツ軍司令部にまで到達し、ソ連国旗である鎌と槌《つち》の描かれた赤旗を掲揚した可能性があるとされており、この報告を受け取った総司令官ゲオルギー・ジューコフ元帥《げんすい》は「直属の将兵が議事堂を奪取し、ソ連の国旗を掲揚した」と発表している。

ほかにも、四月三〇日にグルジア（現ジョージア）の兵ミハイル・ミーニンが、議事堂にあるゲルマニア像の王冠の上にソ連旗を立てることに成功したが、翌日までにその旗はドイツ兵によって奪われた、という話も事実のようだ。

四月二〇日から五月二日まで、市街戦としては史上稀《まれ》に見る多数の死傷者を出したのが、このベルリンでの攻防戦であった。

24　朝鮮半島で「太極旗《テグキ》」が三五年ぶりに振られる

一九四五年八月一五日

八月一五日は、第二次世界大戦で日本が「ポツダム宣言」を受諾、昭和天皇が連合軍に降伏することを発表した「終戦記念日」だが、韓国ではこの日を光復節《クアンブクチュル》、別名「8・15《パリロ》」として国民的な祝日にしている。

一九四五年のこの日、日本の統治から「解放《ヘバン》」され、大韓帝国時代の国旗「太極旗《テグキ》」（口絵17）が布や紙で手作りされて、やがて三五年ぶりに半島の全土で振られたのだった。

八月一五日、朝鮮総督府の遠藤柳作《えんどうりゅうさく》政務総監と朝鮮建国準備委員会の代表を名乗る朝鮮独立回復運動家の呂運亨《ヨウニヨン》（一八八六〜一九四七）との会談が行なわれた。日本側からは日本人の安全および財産保全、朝鮮側からは政治犯釈放や食糧確保の条件が出され、行政権を総督府から朝鮮側に委譲することで合意した。

八月一七日、京城（現ソウル特別市）内の南山《ナムサン》にあった朝鮮神宮が焼き討ちに遭う。半島のあちらこちらで共産主義者による人民委員会が自然発生的に結成されていったともいわれている。

九月二日、東京湾内の米戦艦ミズーリ艦上で、日本と連合国は降伏文書への署名を行なった。連合国側は当初、朝鮮半島を米英中ソ四カ国による信託統治下に置く計画を持っていたが、最終的には北緯三八度線以南をアメリカが、以北をソ連が分割占領することになった。そして一九五〇年に勃発した朝鮮戦争の結果も、休戦ラインはほぼ三八度線に近い形になり、今日に至っている。

「何よりも朝鮮人にとって不幸だったのは戦争（第二次世界大戦）が長引いたことがソ連の参戦を招き、そのことが朝鮮半島の分割占領、ひいては朝鮮の南北分断につながった」（文京洙《ムンギョンス》『新・韓国現代史』岩波新書）という評価に異議はない。

ただし、今振り返ってみて、棚ぼたのような「解放」であったとはいえ、「8・15」以降の朝鮮人指導者たちの指導力欠如や準備不足、その結果としてお互い協力することなく権力争いに終始したことはいかにも見苦しく、また、それが南北分断を招いた一因と見るのが妥当だろう。

三八度線以北はいち早くソ連軍の進駐するところとなったが、それを後ろ盾として若い金日成《キムイルソン》（一九一二～九四）がソ連の軍艦で元山《ウオンサン》に到着したのは九月一九日のこと。

南京の金陵大学出身で穏健左派の呂運亨や、早大政経学部卒で「朝鮮日報」出身の穏健右派とされる安在鴻《アンジエホン》（一八九二～一九六五）などは国内にあって、日本側からの行政権移譲のため早々に建国準備委員会を発足させている。

後に「南」の初代大統領になった李承晩《イスンマン》（一八七五～一九六五、監理教会派プロテスタント）に至っては、三三年ぶりの帰国を果たしたのは一〇月一六日であった。李は一九一九年、上海で大韓民国臨時政府（略称＝臨政《イムジョン》）を結成したが、金九《キムグ》（一八七六～一九四九、カトリック教徒）らとの一九二五年の政争に敗れてからオーストリア人と結婚、以後三四年間、ハワイで政治とは離れた生活をしていた。

一方、金九は民族主義者として最後まで南北の統合を企図していた。一九四八年二月二五日に金日成に書簡を送り、その後、平壌《ピョンヤン》に赴《おもむ》いて話し合ったが統合は果たせなかった。

これで南北が統一して国をつくる案は潰《つい》え、一九四九年六月二六日、金九は面会と称して自宅を訪れた安斗熙《アンドウヒ》陸軍砲兵少尉に銃殺された。安は無期懲役の判決を受けるが、わずか一年で特赦《とくしゃ》。軍に復帰し、李承晩時代に中領（中佐）にまで昇進した。安の暗殺行動の裏には李承晩もしくは米情報部がいたとも言われている。一九四七年七月一九日、呂運亨もまた同様にテロに斃《たお》れた。

かくして、京城と平壌を事実上の首都とする二つの政権下に分裂した形での朝鮮半島となり、京城はソウル、平壌はピョンヤンとなったのである。

以下、日本統治が終わったころの様子を、いくつかの資料で拾ってみたい。

「京城日報」は大韓帝国末期の一九〇六年九月から統監府によって創刊された日本語の日刊紙で、徳富蘇峰《とくとみそほう》が「監督」（責任者）を務めたこともある。終戦直前には四〇万部と称していた。終戦時、八月一五、一六日付は発行しているが、社告を出して一七、一八日は休刊。

復刊した一九日からは、「落着《おちつ》いて生業に励め」「軍は治安妨害に断固の措置」「安在鴻（朝鮮建国準備委員会副委員長）氏、互譲を堅持、摩擦を戒《いまし》む」「政務總監、一般民衆に、朝鮮の将来を思ひ、絶對《ぜったい》に冷静たれ」「（長屋報道部長）盲動は大損失招く亜細亜《アジア》の福祉は各民族の努力」「（岡京畿道警察部長）流言に自制心を失ふな」といった記事を連日掲載し、社会秩序の維持に努めている。

朝鮮紙「東亜日報」や「朝鮮日報」が休刊中の時代であり、日本の視点での新聞とはいえ、「京城日報」は、今では当時を知る貴重な史料となっている。一九四五年一一月一日が最後の刊行だった。

同年末、朝鮮総督府官房総務課長の山名酒喜男《やまなみきお》（戦後は会計検査院勤務）は、終戦当時の京城府について、次のように記している。

八月十五日、大詔渙発《しょうかん》せらるるや、内鮮人共に極度の衝動を蒙《こうむ》り、一時は呆然たるものありしが、日本人側は一切を挙げて官の措置に俟《ま》つの態度を以《も》って冷静に推移せるが、朝鮮人側に於《お》いては、停戰に依《よ》るポツダム共同宣言の受諾を見るときは、朝鮮は直《ただ》ちに日本より解放せられて独立するものと誤解し、終戦到來の安堵と

1948 年 8 月 15 日、旧総督府前で行なわれた大韓民国独立祝賀会。「朝鮮日報」から

朝鮮独立の歓喜の情に興奮し、これに一部の不穏分子の巧妙なる煽動《せんどう》あり、八月十六日、京城府内の目抜きの場所を中心として、多衆民の街頭示威運動の展開せらるるに及べり。即《すなわ》ち、米國旗と旧韓國旗（筆者注：大韓帝国の国旗＝現・韓国旗）の併《へい》掲《けい》の下、「韓國独立万歳」「聯合軍歓迎」を呼応して多衆示威運動と為《な》り、公的企業體の乗用車及びトラック等も運転手の朝鮮人なりしものはこの示威行列運

動に参加し、恰《あたか》も公的企業體自體、行列行進に参加せるが如きの觀を呈せり。（中略）十六日、京城に於いては流血その他の負傷事件の發生を見ず。朝鮮人側にも極力日本人との民族的衝突事件の發生を防止すべく努力せる模様にて一応平静に帰したり。

（山名『終戦前後に於ける朝鮮事情概要』友邦協会。振り仮名は引用者）

また、京城帝大医学部の講師だった田中正四《たなかまさし》（後に広島大学教授）は、著書『痩骨先生紙屑帳《そうほねせんせいかみくずちょう》』（金剛社）で、一五日から一六日朝にかけての京城府内の様子を、当時の日記から引用して記している。

それによると、「歴史的に特筆大書さるべき一夜は極めて平穏のうちに明けた。それは自分が想像したよりもはるかに静かなものであった。いつもの通り大学に出かける。町も極めて平穏である」とあったものが、一六日の午後から府内が騒々しくなったとし、「街には、日の丸を巴《ともえ》まんじにぬりつぶし、四隅《よすみ》に易者の広告みたいな模様の韓国の国旗が氾濫《はんらん》している」と変わっていく。

戦前の朝鮮在住日本人の人口は一九四二年末が最大で、約七五万三〇〇〇人を数えた。そのうちの一人、京城女子師範生だった森下《もりした》（旧姓・波多野《はたの》）昭子《あきこ》は一六日にも通学していた。

「万歳《マンセイ》と繰り返し叫ぶ声が聞こえて来た。窓から覗《のぞ》くと、後に韓国の国旗になる太極旗を手にした人々が公邸になだれ込んできていた。朝鮮人の旧友は、同胞が練り歩く姿を目の辺りにすると、嬉しそうに窓から手を振って、歓喜する行列に応えていた。教室にはうめき声に似たすすり泣きが、あちこちで聞こえた。窓から手を振っていた朝鮮人の級友が、何よ、あなたたち！　今まで私たちの国を奪って苦しめていながら」と感情を爆発させたという（森田芳夫・長田かな子編『朝鮮終戦の記録』巌南堂書店）。

朝鮮全土は依然、総督府による行政が行なわれ、二三万余の帝国陸海軍将兵がそれまでと基本的に変わることなく組織化されていたこともあって、三八度線以南では、全般的に社会の大混乱は避けられた。
東京学芸大学教授・岩下彪《いわしたたけき》は、鎮南浦《シムナムポ》（平壌の外港、現・南浦特別市）において一四歳で敗戦を迎えた後のことを『少年の日の敗戦日記』（法政大学出版局）で書いている。

（八月一七日の朝）しきりに『蛍の光』のメロディが聞こえてくる。いつまでも騒々しく、同じ曲ばかり鳴らしているので、筆者は今頃どこで卒業式の練習をしているのだろうと、不思議に思った。だが、これは『蛍の光』ではなかったということが、昼過ぎになってだんだんわかってきた。メロディは同じだが、『朝鮮愛国歌』であって、もとの鎮南浦高女に集まった朝鮮人たちが歌っていたのだという。商工学校にも朝鮮人が押しかけて朝鮮国旗（太極旗＝筆者注）を掲揚したが、日本軍の憲兵がトラックで乗り込んでこれを降ろさせたという話も伝わってきた。

韓国の愛国歌については、拙著『歌い継ぎたい日本の歌』（海竜社）で詳しく述べた。現在の韓国歌はこの「朝鮮愛国歌《チヨソンエグツクハ》」。曲は安益泰《アンイクテ》という、現在の国立《くにたち》音楽大学を卒業した作曲家による。作詞者は不明だが、岩下の回想にあるように、もともと「蛍の光」のメロディに、国土を賛美し民族を讃えた歌詞だった。それを安が別のメロディに移した。現在の韓国では単に「愛国歌《エグツクハ》」と呼ぶ。

25　降ろされた「日の丸」、同じ塔に「太極旗」　一九四五年九月九日

朝鮮総督府の「日の丸」は、一九四五（昭和二〇）年九月九日、米軍将兵が居並ぶ前で、日本軍将兵によって降納《こうのう》された。翌四六（昭和二一）年一月一四日、連合軍は同じ場所に韓国の将兵が国旗「太極旗」を掲揚することを認めた。

前年の一一月二三日に復刊した「朝鮮日報」は四六年一月一五日付で「われらの上

空に燦々《さんさん》と翻る　感激の太極旗掲揚　九月十四日、軍政廳廣場《せいちようひろば》で歴史的式典」との記事（原文は韓国語）を掲げている。

話を終戦時に戻す。

九月八日、ホッジ中将以下、沖縄の米第24軍が仁川《インチヨン》に上陸、九日に京城に入り、阿部信行総督（大将、第三十六代首相）との間で三八度線以下の施政権引き渡しを内容とする降伏文書への署名式を挙行した。

総督府の「日の丸」はその中で厳《おごそ》かに降納され、午後四時以降、「日の丸」は朝鮮全土において掲揚することが許されなくなり、日本軍は一〇日正午までに京畿道《キヨンギド》内から撤退するよう命じられた。

九日に米軍が入城するとき、一般民家に「星条旗」を掲げるべきか否かが重要な問題になったが、米側から米国旗の掲揚を差し控えるよう言ってきたため、取りやめとなった。混乱を避けたのであろう。

これで名実ともに、約三五年に及ぶ日本の支配が終焉《しゆうえん》した。三八度線以南に居住

（右）1945年9月9日、降納される「日の丸」。手前が米兵、奥の一群と降納している人々が日本軍将兵。米軍提供（左）1946年1月14日、朝鮮総督府だった場所の同じ掲揚塔に公式に掲げられた「太極旗」。「朝鮮日報」から

していた四〇数万人の在留邦人と武装解除された二三万余の将兵のほとんどは、翌春までに内地に帰還、復員した。しかし、朝鮮北部にいた邦人の引揚は悲惨というほかなく、多くの犠牲者が出たのであった。藤原てい『流れる星は生きている』（中公文庫）は、胸が詰まる思いで圧倒される。

日本が韓国を併合・統治したことをすべて是認するつもりはない。しかし、それが終わって七〇年以上を経て、昨今の韓国の対応ぶりには呆

れるほかない。

いずれバランスのとれた歴史教育が、かの国でも行なわれることを期待する。

26 降伏文書署名式に掲げられた〝ペリー提督の星条旗〟 一九四五年九月二日

日本の降伏文書署名式が行なわれた一九四五年九月二日、東京湾に浮かぶ戦艦ミズーリには、ペリー艦隊が日本に来航したときに掲げていた「星条旗」が掲示された。マッカーサーは、ペリーが掲げた国旗そのものを、本国の博物館から引っ張り出し、その前で重光葵《しげみつまもる》外相らに降伏文書へ署名させたのだった。

「まるで、アメリカがこの旗を掲げて文明を教えたことを忘れて、日本が戦端を開いたとでも言わんかのような威圧感があった」

重光外相の秘書官としてフロックコートを着て同行した外交官の加瀬俊一《かせとしかず》氏（後の

米戦艦ミズーリで降伏式典の開会を宣言するマッカーサー。壁面の「星条旗」はペリーが掲げていた旗で、31星になっている。後方に並ぶのは、イギリス、ソ連、オーストラリア、カナダ、フランス、オランダ、ニュージーランドなど連合国軍の代表　　写真／共同通信社

国連大使）から、そう伺《うかが》ったことがある。筆者は、この調印式での芝居がかった国旗の扱い方に、米国人のものの考え方、価値観を見る思いがする。いかにもアメリカ人らしい、独善的ともいうべき「いらぬお説教」の典型のように思えてしまうのだ。

史実から列挙しておこう。

① 戦艦ミズーリの甲板に「星条旗」が二枚掲げられた。一枚は真珠湾《パールハーバー》攻撃を受けた日に、ワシントンのホワイトハウスに掲げられていた四八星の「星条旗」。三日かけて首都から運び込んだもの。

もう一枚は一八五三年にペリー艦隊の旗艦である蒸気外輪フリゲート艦・サスケハナ号が掲げていた、三一の星が描かれた「星条旗」（口絵12）。メリーランドのアナポリス海軍士官学校博物館から取り寄せ、額装のまま掲示された。ダグラス・マッカーサー（一八八〇～一九六四）の強い要望だったという。

143ページの写真で見ると分かるように、右端が縦に六つの星、ほかは五つずつになっている。星の配置が厳密に規定されたのは四八星になった一九一二年からで、ペリー来航当時は決まっていなかったのだ。

② 式場には「日の丸」はもとより、署名する他の連合国の国旗が掲げられなかった。

③ ときの大統領、ハリー・トルーマンの出身地ミズーリ州と同じ名の戦艦で降伏式典を挙行している。大統領にゴマをすったのではないかと思われる。

④ マッカーサーは件《くだん》の戦艦「ミズーリ」を九二年前、すなわちペリー提督が四隻の軍艦を率いて日本にやってきたとき、旗艦「ポーハタン」が停泊したのと緯度・経度がまったく同じ場所に停泊させた。

戦艦ミズーリはその後、湾岸戦争（一九九一年）にまで就役し、退役後は帝国海軍の奇襲を受けて真珠湾に沈没した戦艦アリゾナの隣に錨泊《びょうはく》、今も公開・展示されている。

降伏式典は午前九時二分のマッカーサー元帥の演説で始まった。降伏調印式は二三分間にわたり世界中にラジオで実況中継放送された。マッカーサーは五本のペンを取り出して代わるがわる文書に調印し、最初の一本をジョナサン・ウェインライト中将に渡した。

同中将は、マッカーサー大将（一九四四年に元帥に昇任）がフィリピンを脱出してから、バターン半島とコレヒドール要塞に立てこもり米比軍の指揮を執《と》ったのち、一九四二年五月、日本軍に降伏。捕虜として満州（中国東北部）に移送され、終戦まで収容所で過ごしていた。マッカーサーがとくに指名して降伏式に招いており、式の三日後に大将に昇任、戦後も軍務に就《つ》いた。

二本目のペンは英国極東軍司令官だったアーサー・パーシバル中将に贈られた。同中将は、訓練不十分な二個師団半を指揮し、一九四二年二月にシンガポールが陥落したとき、山下奉文《やましたともゆき》中将率いる日本軍に、友軍を含め一三万の残存兵とともに降伏した。一三万人が降伏というのは英国史上最大規模である。その後は捕虜として、台湾や満州で抑留生活を送っていた。

三本目はマッカーサーの母校であるウェストポイント陸軍士官学校へ、四本目はアナポリス海軍兵学校に贈り、最後の一本は妻ジェーンのために、と自らのポケットに入れた。このあたりもいかにもアメリカの軍人らしいところである。

27　引揚者《ひきあげしや》が見た祖国の「日の丸」　一九四六年七月

第二次世界大戦の敗戦にともない、海外やそれまで日本の領土だった地域にいた日本人（軍人・民間人）計六六〇万人以上の帰国が大きな課題となった。

捕虜や抑留者を含む軍人の場合は復員者（兵）といい、非戦闘員の場合は引揚者と呼んだ。帰還した人の数は一九四六年末までに合わせて五〇〇万人にのぼったが、インドネシアやベトナムなどでのように積極的に残留した日本人および帰国の途中で亡くなった人たちもおり、実態についての確かな統計はない。

人数でみると、中国からが一五四万人、満州からの一二七万人が断然多い。以下、東南アジア、韓国、台湾、ソ連の順であり、帰国して最初に上陸した港は佐世保《させぼ》、博多《はかた》、舞鶴《まいづる》、横須賀《よこすか》の順である。栄養不足、不衛生、略奪行為で苦難の帰還を果たし、内地に戻ってからも困窮や差別に苦しむ人も多かった。

一九四五年八月九日、日ソ中立条約を無視したソ連軍は満州、樺太方面から突如侵攻を開始し、千島では八月一八日から艦砲射撃と空爆の後、上陸作戦を展開した。最北端の占守島《しゆむしゆ》や幌莚島《ぱらむしる》では、堤不夾貴《つつみふさき》中将麾下《きか》の第九十一師団が応戦して大勝利したが、他の戦場では悲惨な敗戦となり、挙句には六〇数万と言われる将兵が多年、シベリア各地や今のウズベキスタン共和国などにひどい待遇で抑留《よくりゆう》、強制労働に就《つ》かされ、その約一割が死亡した。

彼らの大部分は一九四九年までに帰国できたが、将校を中心とする一〇二五名は、一九五六年の「日ソ共同宣言」締結による国交回復まで一一年以上、抑留生活を強いられた後、興安《こうあん》丸で舞鶴に帰還した。最後の引揚船は一九五八年九月七日、樺太から四七二名を乗せて同じく舞鶴に帰還した白山《はくさん》丸だった。

151ページの写真は、一九四六年七月、帰還船・白竜《はくりゅう》丸の甲板である。中国、満州、朝鮮北部からの引揚者の集結港である葫芦島《ころとう》（現 遼寧《リアオニン》省葫芦島《フールータオ》市）から帰国の途に就き、三カイリ以内の領海を入ったところで船尾に「日の丸」が掲げられた。ほとんどの帰還者にとって、敗戦以来、初めて見る「日の丸」だった。

実は、次項でも説明するように、当時の日本では「日の丸」の掲揚が禁じられており、船舶は日本商船管理局の旗（口絵18）を用いていた。一九四六年の白竜丸の「日の丸」は、おそらく船長の一大決心で掲揚されたものと思われる。

28 占領下の日本では「日の丸」の掲揚が禁じられた 一九四五年九月以降

第二次世界大戦に敗れた日本は、マッカーサー元帥を項点とする連合国軍最高司令官総司令部（ＧＨＱ）の支配下に入った。

これ以降、日章旗の掲揚は原則的に禁止となった。詳細に言うと、ＧＨＱは直接的な「日の丸」の禁止命令を出したわけではない。各地の占領軍が個別に掲揚禁止を命じ、掲揚しようとする場合は個々に掲揚許可をとるという方針を適用した。

すなわち、各地に駐留する部隊からの命令の形で「各戸に掲げられた日の丸を降ろすように」という趣旨の通達を出し、「特別に許可を得た場合はその限りではない」としたのである。連合軍将兵の敵対心を刺激しない方法での「日の丸」の掲揚は認められたようだ。

航行する船はというと、占領下のわが国の船舶には、先述したとおり日本商船管理局の旗（口絵18）が「日の丸」に代わって掲げられた。フィリピンの国旗（口絵19）によく似ているから、しばしば間違われたに違いない。
なお、日本商船管理局の旗は国際信号旗のE旗である。エコー（Echo）旗とも呼ばれ、「本船は右に針路変更中」を意味する。なぜ、このE旗が日本商船管理局の旗として採用されたかは不明である。

GHQ統治下の「日の丸」の話に戻ろう。

引揚船・白竜丸の甲板。日本の領海に入り、船尾に「日の丸」が掲げられた。『在外邦人引揚の記録』（毎日新聞社）より

國學院大學の安津素彦《あんづもとひこ》教授によると「GHQは、①日本国旗の掲揚について、総司令部令により禁止するという強い印象を与えないように配慮する、②連合軍将兵の敵愾心《てきがいしん》（敵対心）と感情を刺激しない方法による「日の丸」の掲揚

は許可する、といった方針をとっていたようである」(『国旗の歴史』桜楓社)と述べている。

同書には、鹿児島県庁では敗戦以降も、毎日「日の丸」が掲揚されていたという記述もある。過年、鹿児島県庁に問い合わせたが、写真も資料もなく事実関係は不明であるという電話による回答を得たのみだった。さらなる調査が望まれる。

一方、長野県小諸《こもろ》(現小諸市)の町役場では、一九四六年の元旦に「日の丸」を掲げて新年を寿《ことほ》いだところ、米兵から「あの指令に違反して肉団子(ミートボール=「日の丸」の蔑称《べっしょう》)を高々と掲げている」と咎《とが》められたともいわれる(マーク・ゲイン『ニッポン日記』ちくま学芸文庫)。公的機関ではまずかった場合もあるということか。それとも指令が行き届いていなかったからかもしれない。

一般には、年間一二回の祝祭日(旗日《はたび》)における掲揚は許可されていた。そして一九四九年の元旦から、マッカーサーは日本の国旗の使用を自由とするとの声明を発表、これより正式に日章旗の自由掲揚が認められるようになった。

この通達と相前後するので正確ではないが、秋田のわが生家では、小学生の低学年のころから、祝日に国旗を掲揚することは筆者の役目であった。しかし、どこからも何も言われなかった。なお東京の青山学院初等部では、開校以来、一度も「日の丸」を掲揚しなかったことがないという誇りを持っている。

29 北朝鮮が独自の国旗を制定

一九四八年九月八日

現在、韓国の国旗となっている「太極旗」（口絵17）は、独立回復直後は「朝鮮全体のシンボル」であった。だから157ページの写真にあるように、ソ連軍の支配下に置かれた北緯三八度線以北の北朝鮮地域でも、朝鮮民主主義人民共和国の建国直前まで掲揚された。

一九四五年八月一五日の玉音《ぎょくおん》放送直後、朝鮮各地で朝鮮建国準備委員会の地方組

織が「人民委員会」の名で設立されたが、思想的背景とは別に、独立国の旗としては「太極旗」を掲げるほかなかったのである。その後、九月末までに北朝鮮全域へソ連軍が進駐したが、そのソ連軍の歓迎式典といった重要な場でも、「太極旗」を掲げて歓迎の意を示したのであった。

同年一二月、モスクワでの三国（米・英・ソ）外相会議で、朝鮮は最終的に単一政府を樹立して独立する予定となっていたため、一九四六年に社会主義者たちの進めた自治組織・北朝鮮臨時人民委員会でも、「太極旗」は使用され続けた。

戦時中こそ連合国を構成して対独・対日戦を進めていた米ソ両国だが、戦後処理については厳しい対立が始まっており、一九四七年一〇月二〇日、米ソ共同委員会が決裂して朝鮮の統一政府の樹立が不可能になった。このため、「北」の人民委員会は北朝鮮で単独の政府樹立を目指すようになり、国旗についても「民族主義者が使う従来の太極旗」とは別個の旗を設けることになる。

北朝鮮人民委員会は一九四八年二月初旬に新国旗の原案を完成させ、同年九月八日に「太極旗」とは別の旗を新しい共和国旗《コンファグッキ》（口絵20）を制定して、翌九日に朝鮮民主主義人民共和国を建国した。以後、北朝鮮から「太極旗」が消えたのである。

コラム　北朝鮮国旗をデザインした人は？

筆者は、北朝鮮の国旗はデザイン的に優れた国旗のひとつと考えている。青と赤という朝鮮の民族色を基本に、二色が接しないように白線を入れ、星を横の六分の一ずらして勢いを感じさせる手法はかなりのデザイナーの作だと思う。

先年、金正日朝鮮労働党中央委員会総書記に宛てた文書で、この図柄のデザイナー名を教えてほしいと依頼したところ、後日、歴史研究所から、「建国間際の混乱期のことゆえ、今となってはデザインした人の名前は分からない」という返事をもらった。

英国人ジャーナリストであるティム・マーシャルの近著『Worth Dying For: The Power and Politics of Flags』（邦訳は田口美和《たぐちみわ》『国旗で知る世界情勢』原書房）では、金科奉《キムドゥボン》（一八八九〜一九五八?）が国旗のことでソ連の少将と関わったが、後に権力の座から追放されたとしている。だが、必ずしも明確な説明にはなっていない。

戦後すぐという時期から言って、実際にデザインした人は、あるいは上野の東京美術學校（現・東京藝術大学美術学部）あたりで図案や意匠を学んだ人物かもしれないと想像したりする。ちなみに、同校では一八九六（明治二九）年に図案科を設けている。

なお金科奉は、上海や延安《イエンアン》など中国で独立運動に従事し、北朝鮮労働党委員長や金日成総合大学の初代総長となり、共和国が建国されると、初代最高人民会議常任委員長（国家元首）を務めた。しかし、朝鮮戦争開戦に反対し、集団指導体制を提唱するなどして、最高指導者・金日成と対立。その後、朴憲永《パクホニヨン》など南朝鮮労働党出身者や延安派が次々に粛清されてゆく中で、一九五八年に党を除名され、粛清

（上）金日成とスターリンの肖像を掲げ、「太極旗」とソ連国旗を奉持してソ連軍の進駐を歓迎する北朝鮮の人たち。1945年秋か
（下）1948年2月、平壌での朝鮮人民軍の創設記念式典で、金日成の肖像画とともに掲げられた「太極旗」

されたとみられている。ハングル学者としての功績もある。

30 天安門《テイエンアンメン》に翻った「五星紅旗《ウウシンホアンギ》」

一九四九年一〇月一日

中国では憲法第百三十六条で「中華人民共和国の国旗は、五星紅旗である」と定めている。「五星紅旗」の赤地は革命を表わし、五つの五芒星《ごぼうせい》（五稜星《ごりょうぼし》）の黄色は光明を表わしている。また、大きな星は中国共産党の指導力を、四つの小星は労働者・農民・小資産階級・愛国的資本家の四つの階級を表わす（口絵21）。小星の頂点は、どれも大きな星の中心に向いており、これは人民が共産党の指導の下《もと》に団結することを象徴しているのは、本書の冒頭で触れたとおりである。

この旗をデザインしたのは、経済学者で芸術家でもある曾聯松《ゼンリアンソン》だ。一九四九年七月、中国人民政治協商会議による公募に応じて当選、同年一〇月一日、中華人民共和国の建国に際し、北京の天安門《ティンアンメン》広場に国旗として初めて掲げられた。

一九八九年六月四日、同じ場所で発生した「天安門事件」を忘れられない人は多いのではないだろうか。同年四月の胡耀邦《フーヤオバン》中国共産党中央委員会元総書記の死をきっかけに、民主化を求めて天安門広場に集結していた学生を中心とする一般市民のデモ隊に対して、人民解放軍が武力弾圧し、多数の死傷者と亡命者を出した事件だ。

天安門前広場には建国以来、毎日、国旗「五星紅旗」が掲揚されている。今では、日の出とともに10人の儀仗兵が天安門の中から行進して、国歌の演奏とともに掲揚し、日没には降納する。旗の大きさはおそらく3×4.5メートルと推測される。2016年11月14日、李玲義氏撮影

そのときのリーダーの一人で、二〇一〇年のノーベル平和賞受賞者である作家の劉暁波《リウシャオポー》氏が、本書校正中の二〇一七年七月一三日、病死した。国外での治療を認めなか

ったことに対し、国際社会から厳しい批判が続いている。

「五星紅旗」の下に行なわれる強権と弾圧の手法は、お国柄というべきなのか、外交の場で近年でもしばしば発揮されているようだ。

二〇一六年一二月、西アフリカのサントメ・プリンシペが台湾と断交し、中国と外交関係を結んだときに、背後に中国の関与が指摘された。台湾と外交関係があるのはバチカン、中米諸国、太平洋の島国など二〇一七年七月現在二一ヵ国で、このうちアフリカではブルキナファソとスワジランドの二カ国だけだ。翌年一月、そのブルキナファソに中国が五〇〇億円もの供与をちらつかせて、台湾と断交することを求めたとの報道が流れている。

31 「インド帝国」から、印パ両国に分離して建国 一九四七年八月一四日・一五日

「インドは世界最大の民主主義国である。宗教的差別もなく、門地《もんち》（家柄）による人権の侵害もなくなった。IT大国に変身し、ほどなく世界最大の人口を擁《よう》するようになる」――国際会議などで、インドからの参加者が使う常套句《じょうとうく》である。「当たらずとも遠からず」と見る人もいれば、「言うは易《やす》く行なうは難《かた》し」とみる専門家もいるし、「羊頭狗肉《ようとうくにく》」と蔑《さげす》む輩《やから》もいる。

確かに、選挙の様子ひとつみても、以前は所属政党の絵文字や候補のエンブレムなどを記載した長大な投票用紙を使う前近代的なやり方だったが、今ではIT化されて世界最新の選挙運営をしている。カースト制度は依然、容易ならざるものがあるとはいえ、最下層のカーストであるダリットの中から、第十代のコチェリル・ラーマン・ナラヤンに次ぎ、二人目のラム・ナト・コビンド大統領（第十四代）が二〇一七年七月に選出されたように、解消の方向には向いている。人口はまもなく中国を超える。

そう考えれば、世界最大のIT化された民主主義国に近づいているのかもしれない。ただ、中国に勝るとも劣らぬニューデリーの空気汚染や多数の貧困層を抱えるなど、長年にわたる問題を抱えているのも事実である。

悠久の歴史を持つインドには、十六世紀初頭からヨーロッパ勢力が進出、交易の主導権を争ったが、イギリスの東インド会社による植民地支配の段階を経て、一八七一年、イギリス国王がインド皇帝を兼ねて直接統治する「インド帝国」になっていた。そこから独立するのは第二次世界大戦後のことである。英国の植民地としての「インド帝国」は、インドとパキスタンに分離する形で真の独立国となったのである。

イギリスは、第二次世界大戦に勝利したものの、疲弊《ひへい》して超大国の地位から転落することが確実となった。脱植民地化の流れが強まる中、最大の植民地であったイギリス領インド帝国の解体は不可避になり、一九四七年八月一五日に、インドとパキスタン（後の一九七一年末にバングラデシュとして独立する東パキスタンを含む）の二国に分かれて独立したのだ。

独立目前のころのインドでは、多数派のヒンドゥー教徒と少数派であるイスラム教徒の対立は激しく、後に「パキスタン建国の父《カイディアサブ》」とあがめられたムハンマド・アリ・ジンナーは、「独立は宗教的に分離して達成すべきだ」との論を張った。

一方、「偉大なる魂《マハトマ》」ガンディーはこうした分離の動きに強く反対して「ヒンドゥーとイスラムが融合したインド」、すなわち「ひとつのインド」を唱え、最終段階では対立の最も厳しかった現在のノアカリ県（バングラデシュ）に約半年間、住み着いて両者の宥和《ゆうわ》を試みている。しかし両教徒の対立は、ガンディーをして長嘆息《ちようたんそく》させ、印パ分離やむなしの結論を呑《の》むに至らしめたのである。

その四半世紀後、筆者もノアカリ県に半年以上滞在したことがある。当時はガンディーを知る人がまだたくさんおり、口々に「両教徒が互いに今とは比べようもない憎悪に満ちていた」と語っていた。それでも対立は鋭《するど》いものがあり、ガンディーが「ひとつのインド」を諦《あきら》めざるを得なかった事情を垣間《かいま》見た。

イギリスからの最後の総督ルイス・マウントバッテンもまた、インドが単一国家として独立する案を諦め、一九四七年六月四日、印パ両国に分割する形で、同年八月一五日に独立することを発表した。

パキスタンは八月一四日に、そしてインドは八月一五日に独立した。ジンナーがパキスタンの総督となり、またジャワハルラール・ネルーが、新生インドの首相となった。

独立後、ヒンドゥー、イスラム両教徒の対立は、一段と苛烈《かれつ》なものになった。両教徒は、西に東に二十世紀最大の民族大移動を行なったが、その際、とくにインド北西部からパキスタン北東部にかけてのパンジャブ地方では、両教徒間で数多くの衝突や虐殺が発生した。両教徒の無秩序な暴発に伴う死者は一〇〇万人を超えるという説もあり、独立過程における最大の悲劇と言えよう。東のカルカッタ（現コルコタ）ではガンディーの尽力により、ある程度は抑えられたものの、虐殺がなかったわけではない。そして四八年一月三〇日、ガンディー自身もモスリム（イスラム教徒）に譲歩しすぎるとして、ヒンドゥー原理主義者に暗殺された。

検問所では「ヒンドゥー教徒からロンギー（男性用の腰巻）の下を調べられ、割礼《かつれい》（イスラム教で男児に行なわれる儀礼）しているかどうかで峻別《しゅんべつ》され、命にかかわった」「バングラデシュはイスラム教徒が圧倒的で、今でも心の中ではヒンドゥー教徒を強く警戒している」というのは、筆者がバングラデシュで聞いた話である。

さて、インドの国旗はサフラン色、白、緑の横三色旗（口絵22）である。中央に法輪《チャクラ》を配している。法輪はマウリヤ朝第三代のアショカ王（在位ＢＣ二六八年ごろ～ＢＣ二三二年ごろ）が行なった第三回仏典結集《ぶってんけつじゅう》を記念する「四頭のライオンの塔」にあるもので、インドの国章になっている。ガンディーの提案した国旗では、伝統的な糸紡車《チャルカ》だったが、これを置き換えたのだ。

イギリス支配下からの独立を目指したガンディーは、一九二一年にインド国民会議に対してスワラージ（民族自決・自治獲得）運動の象徴としての旗のデザインを提案、最初の旗は白・緑・赤のストライプに、糸紡車を配した横三色旗だった。

これは大量生産方式をインドに持ち込み、綿織物によって巨万の富を得てきたイギリスの機械文明に対抗する決意の表明であった。一九三一年、国民会議は新たなスワラージ旗を策定した。それは現在のインド国旗と同じサフラン・白・緑のストライプに、紺色で糸紡車を配したものであった（口絵23）。

一九四七年八月にインドがインド連邦として独立することとなったとき、議会でインド国旗の制定が討議された。国旗制定委員会は六月二三日に、スワラージ旗を基にした新国旗を策定したが、公式には「国旗のシンボルは特定の共同体や運動を代表するものであってはならないという判断」により、今のチャクラを配することとなった。

ガンディーは糸紡車の排除に不服であったが、結局これを受け入れた。七月二二日の制憲議会（憲法を制定する国会）では、満場一致でチャクラの採用が決定された。

「あんな粗末なものを国旗の中央には置きたくないという気持ちが、上流カーストの

ガンディーと糸紡車（チャルカ）。ガンディーはこれを国旗のデザインに提唱した　© Margaret Bourke-White／getty images

委員たちの中にあったから、というのが真相だよ」と、インド空軍の将軍が一五年ほど前に筆者に語ってくれた。

「インド帝国」から、インドとパキスタンの建国へと至った道、およびその後の両国が歩んだ道は、決して平坦なものではなかった。両国はその後、三次にわたる全面戦争を展開、対立は今日に至るまで続き、ともに核兵器の保有国となっている。

さらにパキスタン内では、ベンガル人が大半である東パキスタンが西パキスタンから一方的な政治的・経済的支配や弾圧を受けたことから東パキスタンの解放軍《ムクティバヒニ》をインドが全面支援、一九七一年一二月、第三次印パ戦争でインドが勝利して、バングラデシュが独立するのである。

32 口紅で描いた「日の丸」で乾杯　一九五一年九月八日

この日、わが国は連合国とサンフランシスコで対日講和条約を締結した。

吉田《よしだ》茂《しげる》首相以下、池田《いけだ》勇人《はやと》蔵相、外務省ＯＢの加瀬俊一氏（前出・後の国連大使）らが講和会議に出席した。この条約は翌一九五二（昭和二七）年四月二八日に発効し、日本はソ連など一部の共産圏諸国を除いて国際社会に復帰。国旗「日の丸」は、世界に新しい光をもって輝こうとする第一歩を印した。

講和条約調印式に参加した本野《もとの》盛一《せいいち》（首席全権補佐）によれば、帰路、機内で代表団が国旗を掲げ祝杯を挙げようとしたところ、「日の丸」を用意していないことが分かり、急遽、乗務員《CA》の口紅でペーパーナプキンに「日の丸」を描いて壁に貼り、独立回復の祝杯を挙げたのだという。

「それでも、あの『日の丸』には胸が詰まる感動を覚えたものだよ」と末次一郎に語っている。

本野は英国公使館勤務の経験もある本野盛亨《もりみち》（読売新聞創業者）の孫であり、寺内正《てらうちまさ》毅《たけ》内閣の外相・一郎《いちろう》の息子。自身の息子・盛幸《もりゆき》も駐仏大使を務めた外交官一家である。盛一は、戦時中、ベルリンで参事官の任にあり、ヴィシー政権（第二次世界大戦中、フランスが樹立した政府）にも関わっている。講和条約調印式のとき、すでに官職を辞していたのだが、なぜ講和条約調印式に参加していたのか「経緯は不明」（外務省人事課）という。

口紅と国旗ではまたひとつ別なエピソードがある。一九六四年の東京五輪では、口紅研究者にはお世話になった。「日の丸」の赤の色に困ったのだ。「日の丸」の赤は昔から紅《べに》（一九九九年の国旗国歌法でも同じ）と決まってはいるが、紅、赤、赫《かく》、朱《しゅ》、緋《ひ》など、厳密には明度、色相《しきそう》、彩度……どんな色かという規定はない。このとき、大いに協力してくれたのが資生堂《しせいどう》化学研究所（現資生堂リサーチセンター）だった。

法務省司法法制調査部、衆議院法制局、国立国会図書館といった公的機関のほか、日本色彩研究所（色研）にもお世話になった。色研と一緒に、無作為に各家庭から「日の丸」を五〇〇枚集め、日本人がどういう色を国旗の赤として感じているかを色票《しきひょう》（色の見本。いわゆるカラーチャート）にして分析、外れたものを除外して平均値を取ったりもした。

けれども、さすが一九一六（大正五）年には化粧品の試験室（化学研究所の前身）を発足させている資生堂、口紅の赤という色について、こんなにも研究しているのかと感服した。半世紀も前から二〇〇〇種もの口紅を試作し、何十種類も販売していたのだった。

コラム　白の色合いも長野五輪で変えた

一九九八年の長野冬季五輪に際しては、各国旗の白の色合いについて東洋陶器（現ＴＯＴＯ）のお世話になった。白の清潔感、風合い、赤との折り合いなど、この会社もまたいろいろ研究していた。

冬季五輪は背景が雪と氷なので、白度（白さ。白色度）を上げたピュア・ホワイトの旗布を用いた。一九六四年の東京五輪では、大学ノートのようなほんのわずか黄色がかったアイボリー・ホワイト系の白にした。「そのほうが、品があっていい」という日本人好みに従ったのだった。

33 宿願達成——日本の国連加盟

一九五六年一二月一八日

敗戦から一一年後の一九五六年一二月一八日、日本は国際連合の八十番目の加盟国となった。一九三三年の国際連盟脱退から後継組織の復帰まで二三年、サンフランシスコ講和条約からも五年の年月が経《た》っていた。

講和条約から五年も要したのは、国際連合憲章の、いわゆる「敵国条項」（大戦中に連合国と敵対していた国に対する処遇規定。国連憲章第五十三条、第百七条）によって、日本は加盟条件である「平和愛好国」とは見なされなかったからだ。ソ連（当時）が安全保障理事会で拒否権を行使していたのだ。国連加盟に先立つこと二カ月、一〇月一九日にモスクワで署名された「日ソ共同宣言」（発効は一二月一二日）で、ソ連との国交を回復したことにより、ようやく国連加盟がかなったわけである。

日本が国連加盟まで遠い道のりを歩んだのには、①一九四九年に成立した中華人民共和国の国連加盟に米英と中華民国が反対したこと、②五〇年六月二五日に朝鮮戦争が始まり、やがて中華人民共和国の林彪《リンピャオ》麾下《きか》の〝義勇兵〟が北朝鮮を支援して国連軍と交戦する事態となったこと、③サンフランシスコ講和条約にソ連およびその友好国が参加していなかったこと、④日ソ間に法的に戦争状態を終結する条約が締結されていなかったこと、といった理由があった。このため日本の国連加盟は、先述のように安保理でソ連の拒否権によって否決されたのであった。

国連ビル前での日章旗掲揚に立ちあう重光葵外相（憲政記念館提供）

ちなみに「日ソ共同宣言」でシベリアに抑留されていた一〇〇〇名を超える最後の日本人（主として旧軍人）の帰国が果たされたが、北方四島をめぐる両国の領土問題は未解決のまま今日に至っており、それゆえに「平和条約」には至っていない。

34 世界最高峰・エベレストを征服

一九五三年五月二九日

二〇一六年五月二三日、早稲田大学の南谷真鈴《みなみやまりん》さんが、世界最高峰エベレスト（チベット語でチョモランマ、ネパール語ではサガルマータ。標高八八四八メートル）の登頂に成功した。南谷さんは登頂時点で一九歳、日本人最年少のエベレスト登頂記録となった。それまでの記録は同月一九日に登頂を果たした東京経済大学の伊藤伴《いとうばん》くん、二〇歳だった。若い二人の活躍に最大の拍手を送りつつ、六三年前の五月二九日にタイムスリップしてみたい。

この日の現地時間午前一一時三〇分、英国登山隊のエドモンド・ヒラリーとシェルパのテンジン・ノルゲイが人類として初めてエベレスト登頂に成功した。折しも、六月二日のエリザベス二世の戴冠《たいかん》直前である。英国は沸《わ》きに沸いた。

エドモンド・ヒラリー（一九一九～二〇〇八）は英連邦《コモンウェルス》の一員であるニュージーランド出身の登山家で、後にはブルドーザーを操《あやつ》って南極点まで達した冒険家でもある。ニュージーランドでは、その偉業を讃え、五ドル紙幣に存命中から彼の肖像が印刷されていた。

ヒラリーの手記によると、「頂上へ向かう最後の断崖《だんがい》は四〇〇メートル《メートル》。斜面は脆《もろ》い岩と雪が混じり合い登路をさらに困難にした」。わずか一五分しか滞在できなかった頂上。「チベット高地のパステル画のような色調とふんわりした雲」が広がっていた。

このとき、山頂に掲げられたのは、英国旗「ユニオン・ジャック」とネパールの国旗（口絵24）。

十代だった筆者は大感激し、ニュース映画や紙誌の報道に夢中になった。学校の掲示板に張られた写真ニュースにいつまでも見入ったことが忘れられない。標高八八四八メートル《メートル》の数字を暗記しただけで、頂上を極めたような気分に浸《ひた》っていた。

コラム　なぜ彼は母国ニュージーランドの国旗を翳《かざ》さなかったのか

人類初のエベレスト登頂者、エドモンド・ヒラリーは、二〇〇八年一月一一日、心臓発作で死去した。二二日に母国ニュージーランドの首都・オークランドで国葬が行なわれ、遺灰は遺言によりオークランドの沖で散布された。

そんな愛国者ではあったが、エベレスト山頂にはニュージーランドの国旗を立てなかった。これは、英国女王戴冠式に合わせた企画で英国の登山隊員になったなどの事情があり、英国紳士らしい振る舞いだったと思われる。

35 日本も続けとマナスル初登頂

一九五六年五月九日

エベレスト初登頂のニュースに、日本の登山家たちも奮起した。三年後、世界八位の高峰でヒマラヤの未踏峰であるマナスル（標高八一六三メートル）を征服したのが日本隊（槙有恒《まきありつね》隊長）だった。マナスルは、サンスクリット語で「精霊の山」を意味する。今西壽雄《いまにしとしお》とシェルパのギャルツェン・ノルブが頂上に立ち、山頂でネパールの国旗と「日の丸」を振った。今西（後の日本山岳会会長）はこのときのことをこう記している。

日本とネパール、二つの国旗をマナスル山頂で掲げる今西壽雄（毎日新聞提供）

夜が明け、無風快晴の絶好の好天です。下に登頂の旨《むね》を連絡しオートミールを食べ、遂《つい》に出発します。朝8時にキャンプ出発、そして12時30分、遂に頂上に立ったのです。頂上でガルテンが写真と映像を撮影しました。そして二人で手を取り合い喜びました。苦闘5年、ついに日本隊が世界に先駆《さきが》け初登頂しました。1956年5月9日のことです。無事に第5キャンプまでへおりてきた二人に全員が抱きつきました。

（認定NPO法人 日本ヒマラヤ協会のウェブサイトから）

この「世界的快挙」が日本に伝えられ、新聞の第一面を華々しく飾ったのは、登頂成功から八日後の五月一八日のこと。当時の通信事情はそんなものだった。この快挙はネパールと日本との国交が結ばれるきっかけとなった。

マナスル初登頂成功のニュースは、水泳で世界新記録を連発した古橋廣之進《ふるはしひろのしん》、ノーベル物理学賞の湯川秀樹《ゆかわひでき》、ボクシングの世界フライ級チャンピオン・白井義男《しらいよしお》などと並んで、敗戦でうちひしがれていた日本人に、誇りと自信を取り戻させる快挙とされた。

この後、日本では登山ブームが起こり、全国の高校・大学の多くに登山部が創設され、また井上靖《いのうえやすし》の小説『氷壁』は多くの読者を得た。一九七五（昭和五〇）年には日本の田部井淳子《たべいじゅんこ》が、女性として世界で初めてエベレスト登頂に成功。「日の丸」と、月と太陽に顔が描かれた当時のネパール国旗（今と同じ二つの三角形から成る）を掲げている。

36　逆《さか》さまに上がった中華民国国旗

一九五八年五月二五日

一九六四年の東京五輪から半世紀以上が過ぎた。「少年老い易く……」を実感し、長嘆息して天を仰《あお》ぐ日々である。往時を振り返ることも多い。

当時、といっても五輪の二年ほど前、まだ学部の学生だった筆者に、オリンピック東京大会組織委員会競技部式典課の「国旗担当専門職員」として採用したいという話が舞い込んできた。アルバイト先を求めたり、「就活」していたわけではないのだが、日本にはほかに国旗を研究している人がほとんどなく、組織委が外務省、日本赤十字社、日本ユネスコ協会連盟などに照会したら筆者の名前が挙がったらしい。ある日、旧赤坂離宮（現在の迎賓館）にあった組織委に呼び出された。

初出勤の当日、外交官出身（就任前は駐スペイン大使、大会後は駐イタリア大使）の与謝野《よさの》秀《すぐる》事務総長（鉄幹《てっかん》・晶子《あきこ》の次男、二〇一七年五月に逝去した馨《かおる》元官房長官の父）から、辞令とともに「正しい国旗を正しく掲げ、いっさいトラブルがないようにせよ」という言葉をいただいた。

実は、その四年ほど前の一九五八年五月二五日、東京で開かれた第三回アジア大会で、国旗にまつわる大失態が起きていた。女子円盤投げ表彰式で、今でいう台湾の旗「青天白日満地紅旗」（口絵25）を逆さまに掲揚してしまったのだ。

当時は中華民国であり、「国府」（国民政府）と呼ぶのが普通で、国連安全保障理事会の常任理事国である。もちろん、表彰式はやり直し。田畑政治《たばたまさじ》大会事務総長（後の初代東京五輪組織委事務総長）はじめ、関係者が真っ青になって選手団や大使館を訪問して平身低頭。最後は宿舎である新橋第一ホテルで、選手団長に文字通り土下座してお詫びした。

だから、来《きた》るべき一九六四年の東京五輪で「国旗を正しく」掲揚することは、まさしく至上命令であったのだ。

スポーツ大会や国際会議などでは、国旗や国歌をめぐるトラブルがしばしば起こる。一九九〇年、札幌での第二回アジア冬季競技大会では国歌で大きなミスがあった。ショートトラック女子一五〇〇《メートル》で韓国の金昭希《キムスヒ》が優勝したのだが、表彰式でモンゴルの国歌が流れてしまい、テープを入れ替えたところ、今度は北朝鮮の国歌が流れてしまった。三度目の正直でようやく正しい韓国国歌になったが場内は騒然、組織委は韓国選手団に謝罪、堤義明《つつみよしあき》会長が引責辞任した。

一九九二年のバルセロナ五輪の女子自転車競技では、金メダルの選手が「表彰式で、自国のエストニア国旗（青黒白の横三色旗）が上下逆さまに上がったまま表彰されてしまった」と、坂本克己《さかもとかつみ》元NHK運動部チーフディレクターから聞いた。

ちなみにその選手は、ソウル五輪と二大会連続の金メダルを獲得したエリカ・サルミャーエ選手。後日談だが、彼女は引退後、二つの金メダルと自転車を競売にかけ、選手生活で痛めた腰の、スペインでの治療費に充《あ》てているという。

一九九四年、東京国際女子マラソンでは、国立競技場でロシアの国旗（白青赤の横三色旗）が、やはり逆さまに掲揚された。たまたま観客席にいた筆者は運営本部に駆け込んで、対応を申し入れた。優勝したワレンティナ・エゴロワ選手が競技場を発った直後に一度、全参加国旗を降ろし、ロシア国旗を正しくして掲揚し直したのだった。

二〇一四年一〇月四日付の韓国紙「中央日報《チユワンイルボ》」によれば、二日のアジア競技大会女子マラソンで、仁川《インチヨン》のある小学校の児童九人が北朝鮮の国旗を持って応援しているのを仁川地方警察庁が発見、すべて回収したという。警察は、児童が参加国の国旗を描く授業時間に北朝鮮の国旗を描いた後、この日の応援に来たとみて、学校側に再発の防止をきつく申し入れている。

韓国では国際大会のたびに、韓国人が北朝鮮の国旗を持って応援することを司法当局が禁じる見解を出している。先進国を自任するのなら、スポーツと政治は別なものとするスポーツ精神を、そろそろ身につけてほしいが、無理か。

このときのアジア競技大会では、大会初日の九月二〇日、重量挙げ女子四八キロ級の表彰式で、組織委がインドネシア国旗を間違えて用意し、インドネシア人選手が持

1958年のアジア大会で、上下が逆に上がった中華民国の国旗（毎日新聞提供）

っていた国旗を「借りて」表彰式を続けるという騒動もあった。この失態に、韓国のネット上には「世界に恥をさらした」「信じられない。団地主催の試合ですらこんなことは起きない」「開会式で（韓流コンサートまがいの演出をして）赤っ恥をかいた

というのに、競技初日にもまたこんな失態。恥ずかしい……」といった書き込みが相次いだという。

ともあれ、国旗にまつわる失敗はそれこそ枚挙《まいきょ》に暇《いとま》がなく、しかも目立つ。前回の東京五輪から半世紀、筆者自身も人の採用にはずいぶん関わってきたが、振り返ってみると、二〇歳そこそこの学生に、よくぞこんなに責任あることを託せたものと、つくづく思う。とりわけ、森西栄一《もりにしえいいち》式典係長に深謝したい。

それだけに二〇二〇年東京五輪に向けても、今の若者への期待が、おのずと大きく膨《ふく》らむのである。

37　国旗掲揚で領土が決まったプレア・ヴィヒア寺院事件　一九六二年六月一五日

タイとカンボジアの国境地帯・ダンレク山地が両国にまたがる複雑な地形の上に、

プレア・ヴィヒア寺院がある。九世紀末にクメール人が建てたヒンドゥー教の寺院で、古い聖地とされ、美術的にも評価が高い。そのため二〇〇八年七月、世界文化遺産として登録された。ただし、寺院は東・南・西の三方が高さ約五〇〇メートルに達する断崖であり、タイ領に属する北側の参道を通らずに寺院に至るのは至難である。

一九六二年六月一五日のＩＣＪ（国際司法裁判所）の判決でカンボジア領となったが、両国は長年、互いに寺院の帰属を巡り、激しく争ってきた。

その経過を振り返ってみよう。

カンボジアがフランス領インドシナの一部であった一九〇四年、フランスとシャム（一九三九年六月二四日以降はタイ）との条約では「国境は分水嶺《ぶんすいれい》に沿う」と決められ、シャムはカンボジア北部の同寺院を含む地域とメコン川右岸をフランスに割譲《かつじょう》した。これに従いフランス側が測量地図を作成。翌一九〇五年、パリでこれを公刊し、その地図をシャム側にも提示したが、シャムは抗議しなかった。

一九三〇年、シャムの王族であるダムロン殿下が、フランス人弁理公使（minister resident）の招待を受けて、フランスの三色旗と仏《フランス》領インドシナの旗（口絵26）が掲揚されているプレア・ヴィヒア寺院を公式訪問した。このときもフランス側に抗議するでもなく、殿下は手厚いもてなしを受けてバンコクに戻り、その後もシャム側は当該地域を自国の領土であるという主張を展開することもなく黙認していた。

タイの国旗（口絵27）は一九一七年に制定されているが、この寺院に掲げられることはなかったようだ。その後、シャム当局は一九三四〜三五年にこの地域を調査し、国境線と分水嶺の不一致を発見したが十分な抗議を行なわず、以前の地図を公式なものとして刊行している。

一九四〇年一一月、国境地域の二州の領有をめぐって、タイと仏領インドシナの間で交戦状態になった。このとき日本が橋渡しをして両国は東京条約を締結、メコン川右岸と二州はタイ領になり、プレア・ヴィヒア寺院はタイの領有となった。

ところが第二次世界大戦が終わると、枢軸国《すうじくこく》として参戦したタイの敗戦によって、この領土がフランスに返還されるのだ。かくして、この寺院は地図上では仏領、分水嶺によればシャム側という状態で未確定の土地に戻ったのだが、タイは寺院の境内《けいだい》に警備兵を配し、実効支配を続けた。一九五三年一一月九日、カンボジアは仏領インドシナから独立、同時に寺院を武力で奪回しようとしたが、蟷螂《とうろう》の斧《おの》のごとく、タイ軍にあっさり阻止されてしまう。その上タイは国境封鎖を行なったのだった。

たまらずカンボジアがICJに提訴したのである。先述の通り、ICJはカンボジアの請求を認め、寺院がカンボジア領であるという明確な判決を出したのだった。国旗掲揚を甘く見てはいけないという教訓である。

38　独立の歓喜の中、ケニア山頂で国旗掲揚

一九六三年一二月一二日

ケニアが長年の武力闘争を経てイギリスから独立したのは、この日の午前〇時。ケ

ニア山のレナナ峰山頂（標高四九八五メートル）に国旗が掲揚された。独立の歓喜の中で行なわれた国旗掲揚を記念して、今でもこの山頂には、常時スチール製の国旗がポールに掲げられている。

口絵28が一八九五〜一九六三年の英領ケニアの国旗、口絵29が一九六三年以降、現在に至るケニアの国旗である。

ケニア国旗の黒は国民、赤は独立のために流れた血、緑は豊かな自然を表わしている。中央にあるのは先住民のひとつマサイ族の盾《たて》と槍《やり》。自由と独立を守る決意を表わしている。いくつかの主要民族がいるが、そのどれも取り上げず、勇猛で知られるこの部族のものを採択したのが、うまいというか心にくい。

ケニア山は、アフリカ大陸ではタンザニアのキリマンジャロ（六〇〇七メートル）に次ぐが、ケニアでは最高峰で、標高三三五〇メートルから上がケニア山国立公園としてユネスコの世界自然遺産に登録されている。

日本の八ヶ岳《やつがたけ》のようにケニア山にはピークがいくつかある。最も高いのはバティアンの五一九九メートル、次いでネリオン、ポイント・トムソンと続くが、これら三峰の制覇には高度な登山技術が必要で、通例ではレナナ峰をもってケニア山登頂とされる。山頂の位置は南緯〇度九分三秒、まさに赤道直下。とはいえ、この高さになるとさすがに氷河を戴《いただ》いている。

一九六五年以来、日本から青年海外協力隊員が出かけ、いくつものグループがレナナ山頂を極めているが、その青年海外協力隊の情報誌『クロスロード』の一九八三年一一月号に、北之園禎之《きたのそのただゆき》さんの一文が載っている。彼は一九七九年から二年間、ケニアで漁網の指導にあたった。その後は世界各地で国際協力の仕事に携《たずさ》わり、現在はスコットランドで暮らす「国際派」。少し長いが大事な話なので参考に供したい。

ある日、一人の漁師が網を作ってくれと頼むので私は訓練先で一日、網を作っていました。すると子供たちが集まってきて、カラテ、カラテというので、一緒にふざけていたら、役場のポリスまで見に来ました。事件が起こったのは夕方の六時ちょうどでした。どこかで笛の音がピーッと鳴るのを聞きましたが、子供でも笛を吹いているのだろうと思っていた私は、ただ黙々と、網を作っておりました。ところが、笛の音は子供の笛ではなく、国旗降納の合図だったのです。

ケニア国民は、直立不動の姿勢を取らねばならず、また外国人とて同じです。私は起立もせずに、下を向いて仕事を続けていました。すると、三方より、ライフル銃。頭から血が下がって行くのが自分でも分かりました。ライフル銃が向けられたのは、言うまでもなく空手のためです。

国旗降納に対し私は、音楽が流れていないので、笛の音が国旗降納の合図とは理解できなかったのです。

役場へ連行されましたが、言葉なんて出るわけがありません。相手は四人。三人はライフル銃の引き金に指をかけている。床に正座。脂汗《あぶらあせ》――。一時間後、たまたま田本さん（筆者注：協力隊の現地調整員）らが通りかかって引き取ってくれました。今考えても本当に怖かった！　クシャミでもして引き金を引くのではと思うと、心臓の音が止まりそうでした。

それはともかく、この事件で私はマリンディ（インド洋に面したケニアの港湾都市）で有名になり、任期がおわるまで空手を教えることになり、先生となりました。最後に一言。皆さん、国旗降納に対しては、いつも音楽が流れるとは限りませんよ！「気をつけよう、朝夕六時の笛の音」。

この話を一九八四年、拙著『国旗についての十二章』（YMCA出版）で紹介し、献本したところ、文部省の菱村幸彦《ひしむらゆきひこ》初中教育局長（当時）が、国会答弁の中で「協力隊員が途上国でその国の国旗や国歌に敬意を表さず非難されている」などと述べ、思わぬ広がりをもたらしたこともあった。

途上国に限らず、海外では、国旗や国歌への敬意を忘れてはならないことを、あらためてお伝えしておきたい。

39　五輪聖火が沖縄到着、「日の丸」で大歓迎

一九六四年九月七日

一九六四年の東京五輪に際し、ギリシャで採火され、各国をリレーされてきた聖火が、この日、那覇空港に到着。何万もの「日の丸」で迎えられた。

実はこのとき、「アジア大陸横断の古代シルクロードを走破するというダイナミックな構想も考えられたが、距離的、時間的その他の困難は排除しがたく、断念せざるを得なかった」と組織委員会の公式報告書にある。

この案は、返上した一九四〇年の東京五輪の際にも論じられたことがある。六四年大会では代案として、たまたま朝日新聞社がジープでギリシャからシンガポールまで走破する企画を立てていたので、組織委はこれに協賛し、森西栄一職員を参加させて

1964年９月８日、糸満市を走る聖火（沖縄県公文書館提供）

実地調査までしたものの、これまた種々の問題に加え、仲間割れもあって実施は不適当であるという結論に達した。

では、実際の経路はどうだったか。

八月二一日、オリンピアで採火された聖火は昼夜兼行のリレーでアテネに運ばれ、そこで日本側に渡されている。以後、日本航空の特別機「シティ・オブ・トウキョウ」号で空路、日本へと向かったのだった。プロペラ機のDC‐６Bで航続距離が短いため、イスタンブール、ベイルート、テヘラン、ラホール、ニューデリー、カルカッタ（ここのみ航空機整備のための着陸、現コルコタ）、ラングーン（現ヤンゴン）、バンコク、クアラルンプール、マニラ、ホンコン、台北を経て、九月七日正午、ついに那覇空港に到着したのである。

組織委公式報告書には「数千の島民のうちふる日の丸の旗にうずめられた」中で、聖火は「第一走者宮城《みやぎ》勇《いさむ》君に手渡され、奥武山《おうのやま》競技場の歓迎式場へリレーされた。2万余の市民が待ち受ける式場の聖火台に点じられた」と、興奮冷《さ》めやらぬ様子が記されている。

この時期、沖縄はアメリカの統治下にあり、米軍は沖縄での「日の丸」使用を禁じていたが、本土と一体になってオリンピックという世界的事業に参画し、取り組もうとする沖縄の人たちの情熱が「日の丸」使用を黙認させたのだった。

沖縄が日本に復帰するまでにはこのあとさらに八年を要した。

40　五輪閉会式の日に新国旗――ザンビアの独立

一九六四年一〇月二四日

一九六四年一〇月一〇日の東京五輪開会式では、英保護領の北ローデシアとして国旗（口絵30）を掲げ入場行進した国があった。しかし大会閉幕の二四日、独立してザンビア共和国となり、閉会式の入場行進では現在と同じ新しい国旗（口絵31）を掲げていた。

ザンビア共和国のイニシャルはZなので、行進の順番も開催国として最後尾である日本の直前に移っている。ザンビアの旗手は閉会式で万雷《ばんらい》の拍手を浴び、その様子が世界に報じられた。筆者はその日の朝、代々木の選手村に、この新独立国の国旗を届けに行ったことが忘れられない。

このときの東京五輪に出場した選手は一二名。196ページの開会式と閉会式、それぞれの写真は組織委の公式報告書によるものだが、注目したいのは、行進するほとんどの選手が白人であることだ。

（上）開会式で行進する北ローデシア選手団。（下）開会式で行進するザンビア選手団の旗手ユニフォームのデザインまで新調している
（いずれも『第18回オリンピック競技大会東京1964公式記録』より）

最近、共同通信社の原《はら》田《だ》寛《ひろし》編集委員の追跡で分かったことだが、東京五輪に参加したザンビア選手団のうち、黒人選手はみな亡くなっており、わずかに白人選手が二人、南アでご存命だという。原田記者は、うち一人の選手に二〇一六年一一月、南アフリカで会い、二〇一七年一月に四本の記事にして全国各地の地方紙で大きく報道している。筆者のこともかなり詳しく報じられていた。

41　東京五輪直後に変更されたカナダ国旗

一九六五年二月一五日

カナダ東部のケベック州はフランス系住民が大半を占めており、州内ではフランス語のみを公用語にしているくらい、ホンネではイギリス系とは距離を置く感情の強い地域である。以前の国旗はイギリス色が強かった（口絵32）から住民は民族色のないデザインに換えたいと主張、長い議論の末、レスター・ピアソン首相が中心になって東京五輪から四カ月後の一九六五年二月一五日、現在の国旗（口絵33）に改定された。

かつての国旗は竿側上部《カントン》にイギリス国旗を配した赤旗（イギリスのレッド・エンサイン）をベースに、右側の中央に楯《たて》形のカナダの紋章（イングランドの立ちライオン《ライオン・ランパント》、スコットランドの三頭のライオン、アイルランドの竪琴《たてごと》、フランスのユリ、カナダの楓《かえで》の紋章の合成）が付いたものだった。

新しい国旗は、中央のメイプルリーフ（楓の葉）がカナダを象徴し、両端の赤い帯は太平洋と大西洋を表わしている。赤が海を表わす国旗は世界でもこれだけだ。当初は両端の帯を青にする案だったが、それではフランスの三色旗《トリコロール》を連想させるとの批判もあり、また国中の国旗や印刷物を一挙に変更するには単色がよいということから、一九二一年以来、国の色とされてきた赤と白になった。

42 有人月面着陸で残された「星条旗」は今

一九六九年七月一六日

一九六九年のこの日、筆者は初めて訪問したイスタンブール（トルコ）の観光バスの中で、月面着陸を知った。同行のアメリカ人旅行客の何人かが、ガイドの説明も聴かずにイヤフォンでアメリカからの実況放送を聞いていて、"Just arrived! They've just stood on the moon!"（たった今、到着したぞ！　月に立ったんだ！）と絶叫したのが忘れられない。

そのあとバスの中は誰彼構わず、ハグ、ハグ、ハグ。周辺の自動車も停車し、警笛を鳴らし合って、もう大騒ぎになった。最後部の座席でいささか興奮に乗り切れない筆者は「そうか、トルコはＮＡＴＯ（北大西洋条約機構）でアメリカとは同盟国なんだ」と今さらのように気づくのだった。それなら日本も安保条約で同じだ。もっと素直に調子を合わせて喜ぶべきだったと、今では振り返っている。

史上初めて月面着陸を達成したのは、アメリカのアポロ一一号のニール・アームストロング船長とエドウィン・オルドリン月面着陸船操縦士（現在は改名してバズ・オルドリン）。一九六九年七月二〇日、月着陸船イーグルは、月周回軌道上の司令船コロンビアから離され、午後四時一七分（米東部夏時間）、月面に着陸して二一時間三〇分滞在した。マイケル・コリンズ操縦士は司令船で待機していた。

人類として初めて月面着陸に成功した二人の宇宙飛行士が到着直後にしたことは、現在と同じ五〇星の「星条旗」（口絵13）を立てたこと。「一人の人間にとっては小さな一歩だが、人類にとっては大きな飛躍だ」とは、このときのアームストロング船長の名言だ。

六本のポールにナイロン製の「星条旗」を立て、地震計の設置、砂や岩石の採集など、予定された月面活動を終えて離陸すると、司令船にふたたびドッキング、三日目に太平洋上に帰還した。ケネディ大統領が一九六一年五月に表明した「一九六〇年代の終わりまでに人類を月面に到達させ、かつ安全に地球に帰還させる」というアポロ計画の華々《はなばな》しい成果だった。

ところで「月面のあの米国旗は、今もまだあるのか？」という長年の謎が、米国大使館の友人に教えられてようやく解けた。LROC（ルナ・リコネサンス・オービター・カメラ）でNASA（米航空宇宙局）が調査したところによると、「六本中、一本を除いてすべて存在」していることが明らかになったのだそうだ。

ただ、旗がすっかり褪色《たいしょく》して、ただの白い旗になっているかもしれないという。強い紫外線や宇宙線、激しい気温の変化などきわめて厳しい環境にさらされているの

月面に着陸したアポロ11号は、50星の星条旗を立てた。国旗に向かうオルドリン飛行士（NASA提供／時事）

だから、むべなるかなと思う。

月面に国旗が残っているか否かの論争は、アメリカ国内で何十年と続いてきた。専門家たちが共同研究したり、議論を重ねても、結論は出なかった。

月面に立てられた国旗は、一九六九年当時、一枚五・五ドルだったのだそうだ。この旗のメーカー、アニン社（米国で最も古い旗メーカー）のデニス・ラカルーバ社長は「旗が四〇年以上も直立したままだとは夢にも思わなかった。

月面にまだ何かが残っているなんて信じられない。正直に言おう。旗はだんだんと灰と化していくものだよ」と述べたと報道されている。

ともあれ、米国が月面着陸計画（アポロ計画）を終了した一九七二年一二月までに、月面に立った宇宙航空士は計一二名、いずれも米国宇宙飛行士である。このことが、今でも米国民の大きな誇りである。筆者の友人たちやその子ども、さらに孫を見ていると、それがよく分かる。

43 隠し持っていた国旗が林立――バングラデシュ独立　一九七一年一二月一〇日

「これほどたくさんの国旗を、いったいどこにしまってあったのか」という体験を、筆者はこれまでに二度したことがある。

一度目は第三次印パ戦争（一九七一）のさなかの東パキスタン、ベンガル湾に臨《のぞ》むノアカリ県でのことだった。その数カ月前からノアカリ県で国際赤十字の駐在代表として活動していたのである。解放軍《ムクティ・バヒニ》と称するゲリラ部隊の抵抗や一部地域の支配はあったが、インド軍の介入によって、東パキスタンは西のパキスタンから完全に分離して、一九七一年一二月一〇日に新しい国、バングラデシュ（原意は「ベンガルの国」）が誕生した。

戦争はこのあと一三日まで続いたが、ムクティ・バヒニとインド軍による支配地域では、みなバングラデシュの国旗を掲げた。現在の国旗（口絵35）とは少し違い、中央に黄色で国土のシルエットを描いた独立戦争直後まで用いられた旗である（口絵34）。みんな秘かにしまっていたのだろう。同僚のフランス人は「犬小屋の上まで国旗を立てている」と、いささか呆《あき》れていたほどだった。

確かに、各家や門はもとより、塀《へい》や自転車や力車《リキシャ》に至るまで国旗、国旗である。国中がこれ以上、旗を掲げる場所がないと思うほど、国旗の〝洪水〟だった。パキスタンの弾圧下にあったとき「どこにこれだけの旗を隠し持っていたのか」と、驚くほどの数が掲げられていた。

それだけパキスタンの桎梏《しっこく》から逃れよう、逃れたいという、究極のベンガル・ナショナリズムが渦巻いていたといえよう。

開戦まではパキスタン軍の御用新聞のような内容だった地元紙は、数日休刊したのち、「BANGLADESH COMES INTO BEING!（バングラデシュ建国成る！）」という特大の見出しを掲げて、二三日号から再刊した。

バングラデシュ建国の父、シェイク・ムジブル・ラーマンはパキスタンの獄舎にいたが、一九七二年一月一〇日、ロンドン経由という遠路で帰国。一〇〇万人ともいわれる大観衆に空港や沿道で迎えられるや、休むまもなく次々と国事を処理した。

筆者はバングラデシュの国旗について、①縫い付けで国旗を作ると中央部分は五枚もの布が重なり、はためきにくい、②染色した場合、裏側は地図が逆になってしまう——ということを文書で意見具申した。翌年、彼が首相として来日された際、東京から和歌山まで船旅に同行し、その話を直接伝えると、よく覚えていて、ハグされながら感謝された思い出がある。

独立まもないバングラデシュから帰国後、筆者は『血と泥と―バングラデシュ独立の悲劇』（読売新聞社）を上梓、四〇年を経て、これがNHKの海外放送《ラジオ・ジャパン》でベンガル語で放送され、首都・ダッカの出版社からベンガル語で刊行された。光栄というほかあるまい。

「これほどたくさんの国旗を、いったいどこにしまってあったのか」という体験の二度目は二〇〇〇年九月一一日、いわゆる「9・11」同時多発テロ直後のワシントンやボストンでのこと。タクシーや乳母車にまで「星条旗」。胸を締《し》め付けられる思いだった。あれほど悲しい国旗が街にあふれる様は、二度と起こらないことを願う。

44　返還された沖縄で「星条旗」と「日の丸」が交代

一九七二年五月一五日

一九七二（昭和四七）年五月一五日、沖縄の施政権がアメリカから日本に返還され、沖縄県各地で「星条旗」と「日の丸」が交代した。この日、東京・日本武道館では天皇皇后両陛下をお迎えして「沖縄県祖国復帰記念式典」が挙行された。

沖縄の祖国復帰は佐藤栄作《さとうえいさく》首相の功績の一つとされるが、その裏には、わが師・末《すえ》次一郎《つぐいちろう》をはじめ総理府の山野幸吉《やまのこうきち》、外務省の千葉一夫《ちばかずお》（後の駐英大使）、沖縄県首里《しゅり》出身で南方同胞援護会の吉田嗣延《よしだしえん》、沖縄県石垣島出身で早大総長の大濱信泉《おおはまのぶもと》、京都産業大学教授の若泉敬《わかいずみけい》といった方々による官民挙げての尽力があったことを、間近で見てきた筆者はよく知っている。

この式典を末次は欠席した。佐藤首相のそれまでの「生ぬるさ」にうんざりだと言い残して沖縄に飛び、地元のみなさんとささやかに祝ったのだった。末次は、おそらく生涯に四〇〇〇回以上は沖縄に行ったかと思う。

野田佳彦《のだよしひこ》元首相は、在任中初の沖縄訪問で、那覇市に隣接する浦添《うらそえ》市の国際協力センター構内にある末次の胸像に献花され、筆者も沖縄の仲間たちの支援を得て協力させていただいた。

筆者は一二〇回以上、ロシアを訪問し、北方領土返還を唱えてきたが、末次の沖縄との取り組みには遠く及ばない。回数だけではなく、領土返還への熱と力。猛省するほかない。

日本武道館での沖縄県祖国復帰記念式典（憲政記念館提供）

45　中曽根《なかそね》訪韓――ソウルで並んだ「二つの国旗」

一九八三年一月一一日

中曽根康弘《やすひろ》元首相は、歴代の総理大臣の中でも国際情勢に精通し、抜群の外交能力を持つ政治家である。一九八二年一一月二七日、政権に就くや、韓国の全斗煥《チョンドファン》大統領やＡＳＥＡＮ（東南アジア諸国連合）の首脳、そしてアメリカのレーガン大統領と電話会談をしている。最近こそ、こうしたことはひとつの外交慣例となっているが、当時としては画期的であった。

中曽根氏の念願は、対米関係を最優先するとしても、対韓、対中国関係の改善と強化であった。一月の通常国会前に訪米することは早くから決まっていたが、それに先立ち一月一一日から韓国を訪問することが突然、決まった。日本の首相による韓国初訪問である。

この公式訪問に際し、当時ソウルの政府庁舎の中心であった中央庁《チユワンチヤン》（旧・朝鮮総督府）に一九四五年以降、初めて「日の丸」が掲げられた。211ページの写真にあるように、庁舎前にそびえる光化門《クアンファムン》（朝鮮戦争で焼失したものを朴正熙《パクチヨンヒ》大統領時代に再建）には「日の丸」と「太極旗《テグキ》」、二つの国旗が並んでいる。

中曽根首相は首脳会談で、こう述べている。

「日本と韓国は最も近い関係にあり、従って両国の関係も最も親しい国でなければならない。今回、大統領閣下のご英断により経協《けいきょう》（経済協力）問題が解決したことを契機として訪韓することになったが、この機会に両国間の友好関係をよりいっそう深めてまいりたい」

これを受けた全大統領は、次のように応えた。

「韓国は独立して三七年になるが、首都ソウルで日章旗と太極旗が仲良く並んで翻っているのを見るのは今回が初めてである。これは中曽根総理閣下の英断なくしてはできなかったことであり、祝福すべきことである」

同日夜、青瓦台《チョンワデ》（大統領官邸）での晩餐《ばんさん》会では、全大統領の歓迎スピーチに続き、中曽根首相の挨拶《あいさつ》になった。両国の貴賓たちは同首相が日本の韓国統治についてどう述べるか耳を澄ませた。立ち上がった中曽根首相は、いきなり、

「ヨロブン、アンニョン　ハシムニカ」（皆さま、今晩は）

と話し始め、会場は大きくどよめいた。スピーチの中ほどでは日本語を交《まじ》え、通訳が入ったが、最後は「オヌルン　テダニ　カムサハムニダ」（本日は、まことにありがとうございました）と締めた。会場は割れんばかりの拍手だ。

後日、本人から直接聞いたが、「隣に座っていた全斗煥大統領は涙を浮かべていた」し、列席した中にもハンカチで涙を拭《ふ》いていた人もいたという。韓国語を交えただけで「中曽根首相の謝罪の言葉は脇に押しのけられた格好になった」と『日韓インテリジェンス戦争』（町田貢／文藝春秋）にある。

かつて韓国（朝鮮）語を禁じた国、その日本の首相が初めて訪韓し、晩餐会で日本語より先に韓国語でしゃべりだしたのだから、参会した要人たちが驚いたのは無理もない。

実を言えば、中曽根氏は拓殖《たくしょく》大学総長をしていた一九七〇年前後、ときの佐藤栄作首相と距離を置いていたこともあって比較的時間に余裕ができ、金貞淑《キムジョンシク》講師から密かに韓国語の基礎を学んでいたのである。筆者も含め、周辺に韓国語の学習を強く

光化門に掲げられた「日の丸」と「太極旗」。その上にハングルと日本語で「歓迎　中曽根康弘日本国総理大臣閣下夫妻公式訪韓」（時事）

勧めていた。

晩餐会でのスピーチに戻ろう。

「日韓両国間には遺憾ながら過去において不幸な歴史があったことは事実であり、われわれはこれを厳粛に受け止めなければならない。我々の先達《せんだつ》は過去の反省の上に立って新しい日韓関係の礎《いしずえ》を築いてきたが、私の今回の訪問がこれらの礎の上に立って両国家間の相互理解と協力に立脚した新しい日韓関係の幕開けとなることを希望する」と中曽根氏は語った（「毎日新聞」一九八三年一月一二日）。

韓国国内の様子を伝える記事もある。

「ソウル市内ではメーンストリートの世宗路《セジョンロ》や首相が泊まる新羅《シーラ》ホテル周辺にも11日朝、日の丸の旗が掲げられた。戦後38年、ソウル市内の一般道路に日の丸が掲げられるのは初めてであって、それを見上げる市民の表情は複雑だ。特に日本時代を経験した高齢者層にはかなりの抵抗感もあるようで、中央官庁わきに掲げられた日の丸の旗が破られる事件も一件あった」(「日本経済新聞」一九八三年一月一二日)。

韓国では公式な晩餐会の後、しばしば二次会がある。中曽根首相は韓国語で「黄色《ノラン》いシャツ」を、全大統領は「古賀政男《こがまさお》メドレー」をカラオケで歌うなど、交歓は深夜に及んだ。

中曽根首相は「金浦《キムポ》空港に三七年ぶりに戦後始《ママ》めて日章旗と君が代が韓国人によって吹奏され掲げられた。感銘一入《ひとしお》である。韓国人の表情は一般は反日教育の影響で途《ママ》惑うている感である」と日記に認《したた》めた。

韓国語で味をしめた同首相は、訪米に次ぐフランス訪問時に、「仏語を第一外国語とする丙《へい》類が置かれた旧制静岡高等学校で青春を送ったんだぞ」と周辺に語りながら準備し、暗唱してフランス語でスピーチしたが、その場にいた日本の某外交官によれば、フランス人にはほとんど通じなかったとか。柳の下に二匹目の鰌《どじょう》がいるとは限らなかった（失礼！）。

46　国旗から紋章が切り抜かれたルーマニア革命　一九八九年一二月二五日

この日、ルーマニアの独裁者ニコラエ・チャウシェスク大統領夫妻が公開銃殺された。

これに先立つ一二月二、三の両日、マルタで行なわれた米露両首脳で冷戦構造は大きく変化したが、初代大統領として社会主義政権下での独裁維持に固執、民主化運動を厳しく弾圧してきたのがチャウシェスクだった。

二十世紀も終わろうとする現代のヨーロッパで、公開銃殺という尋常ならざる事態への疾駆《しっく》は、一六日、西部の都市・ティミショアラから始まった。民衆のデモに対して治安警察が発砲、多数の死傷者が出たのである。デモの理由は、ハンガリー改革派教会の牧師で人権活動家でもあるテケーシュ・ラースローが国外退去処分になったことへのマジャール（ハンガリー）系の人々による抗議だった。

一七日、デモは一万人にも達し、治安当局の発砲で数百人の死者を出すに至る。二一日、大統領は一〇万人を動員した官制集会で演説をしたが、そのさなかに「独裁者打倒！」の声が上がって、大統領官邸や党本部が襲撃されたのである。

チャウシェスクは首都・ブカレストに「国民の館《やかた》」と称する巨大な宮殿を建てて居住しており、党や国家の要職もチャウシェスクの家族・親族三〇人以上が独占していた。次男のニクは、周辺からは後継者であるかのように見られていた。

経済は破綻《はたん》、困窮・疲弊している国民を顧《かえり》みず、政権を私物化して贅沢三昧《ぜいたくざんまい》を続ける姿勢に国民は失望し、支持は急速に低下していた。

この年、一九八九年の六月にはポーランドで自由選挙が実施され「連帯《ソリダルノスチ》」が圧勝、非共産党系政権が誕生している。民主化が自国へと波及することを恐れたチャウシェスクは、ワルシャワ条約機構軍による軍事介入をソ連に要請した。

一九六八年のチェコ事件では、社会主義体制の中での自由化・民主化を目指したチェコスロバキア政府の改革を、ソ連を中心としたワルシャワ条約機構軍が軍事介入して抑圧したが、およそ二〇年後、チャウシェスクはその逆を願い出たのだった。

しかし、米ソ関係を考えたソ連のゴルバチョフ大統領はこの要求を一蹴《いっしゅう》、チャウシェスクは事実上、ソ連から見限られる形となった。また、ソ連の介入がないとなるや軍も反旗を翻《ひるがえ》し、国防相が自殺する事態に至る。

二二日、夫人とともに脱出を図った大統領だが、ルーマニア西部のトゥルゴヴィシュテで、革命軍によって逮捕され、臨時に設けられた法廷で裁判にかけられた。

「人間の尊厳と社会主義の諸原理とに相容《あいい》れぬふるまいで国民性を破壊した暴君である」

として検事が死刑を求めた。これに対しチャウシャスクは、
「私はこの法廷を認めない。私はルーマニア大統領であるぞ」
そう言って拒否したが、死刑・財産没収の判決が下り、即日処刑されたのだった。

この「ルーマニア革命」で、民衆は中央に穴の開いた国旗を振りかざしていた（左ページ写真）。共産党政権下のルーマニア国旗では、中央に紋章が入っていたのである（口絵36）。現在の国旗（口絵37）は一九八九年一二月二七日に制定されたもの。

民意から離れた独裁は脆《もろ》い。古くは一九五九年のハンガリー動乱のとき、そして一九八九年、ベルリンの壁が崩壊して以降、東ドイツの国旗からも紋章はしばしば切り抜かれていた。

東欧でこうした大きな変化が始まったのは、一九八五年、ソ連にミハイル・ゴルバチョフ政権が誕生してからだ。この政権が掲げた「ペレストロイカ」（大改革）、「グラスノスチ」（情報公開）の影響で、東欧に自由化・民主化の機運が高まった。しか

1989年、自由を叫ぶ市民は国旗から紋章を切りとった（ルーマニア大使館提供）

し、チャウシェスクはなおも個人独裁に固執して北朝鮮と急接近するなど、ルーマニアは国際的孤立を深めていく。それまではイスラエルとPLO（パレストナ統一機構）の双方と外交関係を結ぶなど、独自の路線を確立し、国際社会で一定の評価を得ていたのだが、国民の支持は急速に低下していたのであった。

「朝日新聞」に連載された高樹

のぶ子氏の小説『百年の預言』は、ルーマニアの作曲家チプリアン・ポルムベスクの「望郷のバラード」にまつわる物語である。この曲は一九七〇年代後半、ウィーンの在オーストリア日本大使館に勤務していた外交官、岡田眞樹《おかだまさき》氏（後のデンマークやタンザニア大使）に託され、バイオリニスト・天満敦子《てんまあつこ》によって有名になった。日本中で演奏され、今や天満の代名詞のようになった曲だから、お聴きになった方も多いかと思う。

筆者は、天満から「兄」と呼ばれるほど昵懇《じっこん》なのだが、この曲の演奏を聴くたびに、ルーマニアの過酷な歴史が、切ない叫びとなって聴こえてくる。

コラム　ドラ息子は妖精・コマネチのストーカー？

一九八〇年代の初め、独裁者チャウシェスク大統領の次男ニクは、ルーマニアの青年代表団を率いて来日している。当時、青少年団体の協議会で国際担当副委員長だった筆者は、代々木のオリンピック記念青少年総合センターで彼に会ったことがある。

あまりの尊大さと、ルーマニアから同行してきた訪問団員や大使館員たちのへつらいぶりに驚嘆し、呆れたものだ。

そのニクは、一九七六年のモントリオール五輪、女子体操で一〇点満点を連発した「妖精」ナディア・コマネチのストーカーだったと言われ、かねてから裏では「ドラ息子」とささやかれていたのである。それだけに、革命時には手のひらを返したように国民から糾弾された。その後逮捕され、裁判にかけられたが、一九九六年に肝硬変で亡くなったそうだ。

47 ブランデンブルク門に統一ドイツ旗

一九九〇年一〇月三日

第二世界大戦後、敗戦国のドイツは、米英仏とソ連の対立によって東西に分裂した。

そして西ドイツ（ドイツ連邦共和国）では、一九四九年五月二四日施行の基本法第二十二条で黒赤金の横三色旗（口絵38）が国旗として制定された。東ドイツ（ドイツ民主共和国）は、当初こそ西ドイツと同じ国旗を使っていたが、一九五九年、その国旗の中央に労働者を表わすハンマーと知識階級を表わすディヴァイダを描き、それを農民を表わす麦の穂で囲んだ紋章を付した国旗（口絵39）とした。

ちなみに、この三つの階層を今も国旗に描いている国がある。知識人を書物で表わすモザンビークだ。ほかに日本共産党の党章には歯車と稲穂が、北朝鮮の朝鮮労働党の党章には筆が知識人の象徴として描かれている。また、日本の五円玉には歯車、稲穂、そして水面が彫り込まれ、それぞれ工場労働者、農民、漁師を表わしている。

東西分裂から四〇年、一九八九年一〇月七日、東ベルリンで東ドイツ建国四〇周年記念祝典が行なわれた。これに合わせてライプツィヒで反政府運動が起こると、エーリッヒ・ホーネッカー首相（国家評議会議長）はデモの武力鎮圧を命じる。ところが、鎮圧が果たせなかったばかりか、この祝典に出席するために東ドイツを訪れていたソ連のゴルバチョフ大統領から、国内の改革を進めるよう圧力をかけられたのだ。

ブランデンブルク門でたなびくドイツ国旗とEU旗。2013年6月16日、筆者撮影

自国がうまくいっていると主張するホーネッカーを、ゴルバチョフが見限ったことが明らかになって、一〇月一七日、SED《エスエーデー》（ドイツ社会主義統一党）政治局によってホーネッカーは解任、エゴン・クレンツが後任に選ばれた。クレンツは国民との対話を提案した

が、もはや体制崩壊への動きを引き止めることはできなかった。

決定的だったのは、一九八九年一一月九日の夜、SEDのギュンター・シャボフスキー政治局員が、「西側への出国許可が遅滞《ちたい》なく下《お》りる」との誤報を発表するや、東西ベルリンの通過地点であるチャーリー検問所に市民が殺到、これをきっかけに、一九六二年以来の「壁」が崩壊した。

この直後、「東独のゴルバチョフ」と呼ばれたハンス・モドロウ（東独・日本友好議連会長）が政権を担《にな》った。国民との対話や政治の民主化、市民派からの閣僚の登用、秘密警察シュタージの解体、自宅の建つ土地の個人所有を認めるいわゆる「モドロウ法」を制定し、また、SEDの国家に対する指導権の廃止など次々に改革を進めた。しかし、「壁」崩壊後の出国者は一日に二〇〇〇人を超え、通貨も暴落、社会秩序の維持が困難になっていった。

一二月二二日、モドロウは西ドイツのヘルムート・コール首相との間で、長らく閉鎖されていたドイツの象徴・ブランデンブルク門の開通式を行なったのである。

一九九〇年三月一八日に実施された初の自由選挙で、西ドイツのキリスト教民主同盟（ＣＤＵ《ツェーデーウー》）の支援を受け、統一を主張する保守連合のロタール・デメジエールを首班とする連立政権が誕生、ドイツ再統一への方針が確定した。モドロウは退任し、八月二三日、人民議会で東ドイツ全五州の西ドイツ加盟が決議された。かくしてコールとデメジエールにより、ドイツの再統一がなされ、東ドイツは一九九〇年一〇月三日に西ドイツに吸収される形で消滅した。

ドイツ再統一の一週間ほど前、ブランデンブルク門のすぐ近く、在東独日本大使公邸で気骨の人・新井弘一《あらいひろかず》大使を囲んで統一を祝う宴《うたげ》がもたれ、団長の末次一郎新樹会代表幹事以下、関嘉彦《せきよしひこ》民社党参院議員、松原仁《まつばらじん》東京都議会議員（現・民進党衆議院議員、野田政権で国務大臣・国家公安委員長）、山田宏《やまだひろし》東京都議会議員（後に杉並区長、日本維新の会衆院議員、自民党参議院議員）らと杯《さかずき》を重ねた。

帰国後、かねて末次と昵懇《じっこん》だったモドロウと東京で会った。日本・東独友好議員連盟会長の海部俊樹《かいふとしき》首相（当時）の招きで来日していたのだ。一〇月二日、ドイツ再統一の前夜、同首相からの依頼もあって、末次はモドロウを銀座に招いた。京都まで時間的に行けない客を京風に接待する「M」という店だ。

この店は、外国人が来ればその国の国歌を流し、舞妓《まいこ》姿の女性が扇子《せんす》でテーブルフラッグに風を送るというおもてなしが好評だった。突然の国歌にモドロウが直立不動で滂沱《ぼうだ》の涙を流したのが忘れられない。あと数時間で、少し前まで自分が首相を務めていた国が消滅するというときに、遠い日本で見る国旗と聴く国歌、感慨はいかばかりだったかと思う。

「東」の最優等生であった東ドイツも、統一してみると西ドイツとの間で、双方が愕然《がくぜん》とするほどの落差があった。ドイツはその克服にかなり苦労したが、今では、欧州諸国の財政支援でも、難民や移民の受け入れでも、押しも押されもせぬEU（欧州連合）の牽引車《けんいんしゃ》となっているのは周知の通り。

一方、ゴルバチョフが改革を推進した「東」の御大《おんたい》・ソ連は、一九九一年末までに一五の独立国に分解し、同年一二月二五日をもってソ連は消滅した。戦後、四五年も続いた東西冷戦は東側の「敗戦」で終わった。これより先、エストニア、ラトビア、リトアニアのバルト三国は、同年九月、早々にソ連を離れて国連に加盟、西側の一員になった。旧ソ連のジョージア（旧グルジア）やウクライナはロシアと砲火を交《か》わし、今でも対立と緊張が続いている。

一九九四年八月三一日にロシア軍がベルリンを撤退。次いで九月八日、長年対峙《たいじ》してきた西側三国の軍隊も撤退する式典が開催され、メージャー英首相、ミッテラン仏大統領、クリストファー米国務長官らが出席した。

劇的かつ整然と三カ国の国旗が降納され、ドイツ国旗が掲揚された。かくしてドイツは名実ともに完全な統一国家となった。

コラム　モドロウ元東ドイツ首相の感懐

モドロウは帰国後、海部首相に書簡を送った。そこには「統一への過程を見るに、東ドイツ国民が西ドイツ国民に劣っているのではない。国家建設のための教科書の選択を間違っていた。首相だった者として心から反省している」と綴《つづ》られていた。

親日家でもあるモドロウには『遠くて近い二つの国　東ドイツと日本』（サイマル出版会）というなかなか内容のある編著書がある。その後、欧州議会議長などを務め、九〇歳となる今も健在である。

48 ソ連崩壊――クレムリンの国旗が交代

一九九一年一二月二六日午前〇時

一九八五年、ソ連共産党書記長に就任したミハイル・ゴルバチョフは、アレクサンドル・ヤコブレフ（元党宣伝部長、後の国家顧問）やエフゲニー・プリマコフ（後の首相）らを重用し、ペレストロイカ（大改革）とグラスノスチ（情報公開）を掲げて、国内体制の改良と大胆な軍縮提案を行ない、外交では西側との関係改善に乗り出した。

ヤコブレフ、プリマコフの両氏はともにＩＭＥＭＯ（世界経済国際関係研究所）の所長だった。筆者の師・末次一郎が一九七三年から開催してきた日ソ（露）専門家会議のカウンターパートである。だから筆者は何度も両氏に会って、忌憚《きたん》ない議論を重ね、助言もいただき、ともに飲み、かつ食べた関係でもある。二人ともソ連時代から改革派の旗手であり、ロシアになってからもさまざまな役割を果たすことになる。

一九八七年の中距離核戦力全廃条約（ＩＮＦ）で、米ソの緊張緩和《デタント》は大きく進んだ。同時にゴルバチョフは傘下《さんか》にあった東欧諸国に対しても改革を促《うなが》し、ポーランド、ハンガリー、チェコスロバキアでは共産党独裁体制が相次いで倒れた。

前項で述べたとおり、一九八九年夏に東ドイツ国民がハンガリー経由で西ドイツへ大量に脱出したことがきっかけとなって、やがて「ベルリンの壁」が撤去された。一九八九年一二月二、三両日には、ゴルバチョフとジョージ・H・W・ブッシュ（パパ・ブッシュ）米第四十一代大統領が地中海のマルタ島で会談し、両首脳は冷戦の終結を宣言した。

だが、ソ連が崩壊するとまで考えていた人がどれだけいただろうか？

八〇年代後半、ソ連国内ではペレストロイカ路線は行き詰まりつつあり、市民生活もなかなか豊かにならなかった。

筆者は何度もモスクワで知識人と意見を交わしたが、それでもソ連の崩壊を予想できなかった。一九八八年、フランスの世界的なソ連研究者、エレーヌ・カレーヌ・ダンコース女史が滋賀県大津市でのシンポジウムのため来日した。筆者はその議長を務めたこともあり、新幹線でもご一緒した。

冷戦の終結を決めた1989年12月2、3日の「マルタ会談」。ブッシュ米大統領とゴルバチョフ・ソ連大統領。隣が盟友で実質ナンバー２と言われた知恵袋のアレクサンドル・ヤコブレフ国家顧問

「タディ（筆者のこと）、ソ連は長くて三年よ」

彼女は縷々《るる》説明してくれたが、浅学《せんがく》菲才《ひさい》の筆者は当時、なかなか同意できなかった。しかし、予測はズバリ当たった。わが不明を愧《は》じるほかない。

一九九一年四月、ゴルバチョフがソ連の国家元首として初来日のとき、末次はヤコブレフと打ち合わせてシベリア抑留三団体代表との会見設定にあたり、筆者も文字通り、体を張って会場内の混乱を阻止した。

一九九一年八月一九日、ゴルバチョフの改革に反抗する勢力が、軍事クーデタを起こした。ゴルバチョフは滞在先のクリミアで軟禁状態になったが、ロシアのボリス・エリツィン大統領の活躍でクーデタは阻《はば》まれるのである。

とくにエリツィンがロシア議会前で戦車の上に立ち、白青赤のロシア三色旗を掲げて、クーデタ反対を国民に呼びかけたシーンが大きな転換点になった。軍が怯《ひる》んだ。準備も支持も不足していたクーデタは失敗に終わった。

その直後、まずバルト三国（エストニア、ラトビア、リトアニア）が動き、軍事行動を起こしたソ連との間で流血の事態となった。しかし、この三国は九月、敢然として独立を宣し、前述のように九月一七日、国連に加盟した。他のソ連構成各共和国でも独立に向けた動きが進み、一二月八日、ロシアのボリス・エリツィン大統領、ウクライナのレオニード・クラフチュク大統領、ベラルーシのスタニスラフ・シュシケヴィッチ最高会議議長がベラルーシのポーランドとの国境付近にあるビャウォヴィエジャ（英語ではベロヴェーシ）の森で会談し、ソ連からの離脱と独立国家共同体（ＣＩＳ）の結成で合意した。

こうして一二月二五日をもってソ連は崩壊した。クレムリンでは鎌《かま》と槌《つち》のソ連の国旗（口絵40）が降納され、白青赤のロシア連邦の横三色旗（口絵41）と交代した。ロシア革命が起こった一九一七年までの帝政ロシアの国旗に戻ったのである。

その頃の小話《アネクドート》。

「復活したロシアの国旗を逆さにすれば、上から赤青白。赤は露語でクラースヌイなので頭文字《イニシャル》はК《カー》、青はガルボイでГ《ゲー》、白はベールイでБ《ベー》。合わせてカーゲーベー（英語のKGB＝国家保安委員会）。今も国旗の中に潜《ひそ》んでいるということさ」

その後、東欧や旧ソ連の国々は、相次いで資本主義国家となり、その多くがNATO（北大西洋条約機構）やEUの加盟国となった。

冷戦はソ連の敗北で終わりとなった。しかし、政敵やジャーナリストの殺害や追放などが、ロシアではウラジミール・プーチン大統領の治世下で数多く続いてきた。小話を笑ってばかりはいられない事態が依然、続いているのだ。

一九九六年、筆者は笹川陽平《ささかわようへい》日本財団理事長（当時）に随行して、モスクワでゴルバチョフ元ソ連大統領と会った。その名を冠した「ゴルバチョフ財団」は縮小され、本人も精彩を欠いていた。それでも会談中、サッチャー元英国首相からの電話がかかってきたときには嬉《うれ》しそうに、しばし席を外したのが懐かしく思い出される。

49 差別撤廃への大転換を象徴――南アフリカ国旗

一九九四年四月二七日

南アフリカの旧国旗はオランダの国旗の中央に、英国、オレンジ自由国、トランスヴァール共和国の国旗を並べたもの（口絵42）。後者の二つの中には、さらにオランダの国旗が入っている。

十九世紀初めにインド洋への覇権を握った英国は、ボーア人と呼ばれた南部アフリカ在住のオランダ系の人たちを奥地に追いやり、ケープタウンの港を栄えさせていった。これに対してボーア人たちは、十九世紀の中ごろ、相次いで奥地に二つの独立国を建てた。

　ところがこれらの地方にダイヤモンドや金の大鉱脈があることが分かると、英国に圧迫をするようになるのである。植民大臣だったセシル・ローズ（ローデシアの名はこの大臣に由来する）や、探検家のデイヴィッド・リヴィングストンの名がこの時期、一躍世界に知られるようになった。

ネルソン・マンデラ。1994年、南アフリカ共和国の大統領に就任

　一八九九年、ボーア系の両国は英国と戦端を開き、善戦する。世界の輿論《よろん》は英国の帝国主義的行動を批判し、残虐な戦闘行為は新聞で伝えられ糾弾《きゅうだん》された。四年の長きにわたって行なわれたこの戦争は、最終的に英国の勝利に終わった

が、英国は両国を解体、自国領と合わせて一九一〇年、南ア連邦としての独立を認め、三つの国旗を小さくして合体したのだった。

一九六〇年は「アフリカの年」と言われた。アフリカで多くの国が独立し、国際社会での発言力を持つようになったのだ。

そうなってまず非難されたのが、南アで多数を占める黒人の地位についてである。とはいえ、一足飛びに地位向上が認められたわけではない。南アの白人政権は英連邦を離脱、国際的に孤立を深めながらも、徹底した人種隔離政策《アパルトヘイト》を続けたのだ。だからオリンピックにも、久しく出場が認められなかった。

筆者は「アフリカの飢餓」が叫ばれた一九八四年から数年間、国際NGO「難民を助ける会」の仕事などで何度か南アを訪れたが、日本人が「名誉白人」とされること自体、不名誉なことだったから喜べなかった。実際に空港、ホテル、レストランで一《いっ》再《さい》ならず嫌な扱いを受けた。まして、他の有色人種ならどんな扱いをされたのかと思

う と胸が痛んだ。

ようやく一九八〇年代末になると、南アは人種的宥和策に転じた。フレデリック・W・デクラーク大統領が一九九〇年、ネルソン・マンデラを二七年ぶりに釈放したのはその象徴だった。反アパルトヘイトの中心的人物だったマンデラは一九六四年に国家反逆罪で終身刑の判決を受け、かくも長期間、投獄されていたのである。

一九九一年には差別の基本となっていた人口登録法を廃止、翌年のバルセロナ五輪に復帰し、世界的な孤立の道から離れ、マンデラとデクラークは、ともに一九九三年にノーベル平和賞を授与されている。

一九九四年四月二七日、全人種が投票する選挙が実施されると、マンデラの属する政党「アフリカ民族会議（ANC）」が勝利、マンデラは大統領に就任した。同時に国旗が全面的に改定された。当初は臨時の国旗としてデザインされたものだったが、評判が良かったため最終的に正式な国旗（口絵43）として憲法で定められた。

黒・黄・緑はANCの旗に由来し、赤・青・白は旧宗主国のイギリスとオランダの国旗に共通な三色である。それまでの国旗はあまりに白人中心の歴史を示すものだったから、アパルトヘイトの終焉《しゅうえん》はいっそう明確になった。現在の国旗はアフリカの伝統と歴史を示していると言えよう。

ちなみにこの六つの色は心理学的原色でもあり、世界の国旗で最初に採択された六色の旗で、「虹の旗」と呼ばれている。欧米では虹は六色と数えることが多いからだ。ほかに六色の国旗は、二〇一一年に独立した南スーダンのみである。

50 香港、一五五年ぶりに「一国二制度」で返還

一九九七年七月一日

一九九七年六月三〇日深夜から翌日未明にかけて、香港で英中両国共催による「主権移行式典」が挙行された。一五五年に及ぶ英国による植民地時代が終わったのだ。

主権移行式典で演説する中国の江沢民国家主席。背後には現在の香港、英領香港、中国、英国と４つの旗が並んでいる（毎日新聞社）

式典は厳粛な雰囲気の中で進み、英国旗「ユニオン・ジャック」（口絵7）が静かに降納され、代わって、香港の「赤地にバウヒニア（花蘇芳《ハナズオウ》）の花を白で抜いた旗」（口絵44）と中国の「五星紅旗」（口絵21）が掲げられた。

国家の統治権の交代を、国旗によって明示的に示す瞬間である。「一国二制度」の時代に移行したのだ。アジアにおける欧米の植民地はポルトガル領の澳門《マカオ》（一九九九年に返還）を残すのみとなった。

これで時代が変わったのだ。日頃、北方領土問題に取り組んでいる者として、ひとつの領土問題の解決が満天下に知らしめられたことを、実況中継を見ながら希望の一里塚として感じ入った。

前ページの写真は、この式典のさなか、一日〇時五分に江《チャン》沢《ツェー》民《ミン》中国国家主席が演説しているところである。旗は右から「ユニオン・ジャック」、「五星紅旗」、英国植民地としての香港の「ブルー・エンサイン」（龍や舟の紋章付き。口絵45）、そして新しい香港特別行政府旗である「五星《ウーシン》花蕊《ホアルイ》的《ダ》紫荊《ズージン》花《ホア》紅旗《ホンチー》」（五星雄蕊《おしべ》のバウヒニア赤旗）。

同日付の「毎日新聞」では、「4時28分、公邸正面に掲げられた英国旗がゆっくりと降納された。パッテン氏は何回もまばたきしながら毎日見ていた公邸のユニオン・ジャックの最後を見届けた」と、最後の香港総督（第二十八代）になったクリストファー・パッテンが〝その瞬間〟に立ち会った様子を伝えている。

ここで香港の歴史を簡単に振り返っておこう。第一次アヘン戦争の講和条約である南京条約が一八四二年に締結され、香港島が清国から英国に割譲された。さらに「アロー号事件」（第二次アヘン戦争）の講和条件を定めた一八八〇年の北京条約によって、九龍《クーロン》半島の南端が割譲された。そして一八九八年、緩衝《かんしょう》地帯として新界（New Territories）が向こう九九年間、租借《そしゃく》されることが決まったのだった。

一九四一年に太平洋戦争が勃発し、日本軍がカナダ軍を中心とする英国植民地軍を放逐《ほうちく》して香港を占領するも、四年後に日本の敗戦によって英国支配下に復帰した。

一九五〇年、イギリスは前年に建国された中華人民共和国をいち早く承認した。これは「将来、香港を返還するとしたら、それは台湾の中華民国にではない」という英国の意思を示唆《しさ》したものだった。

一九七九年、香港総督（第二十五代）として初めて北京を訪問したクロフォード・マレー・マクレホースは、中国側に香港の帰属をめぐる協議を提案している。しかし、中国側は「いずれ香港を回収する」と表明するに留まり、具体的な協議を避けた。それでもイギリス側は租借地の年限が来る「一九九七年問題」の重要性を説き続け、一九八二年九月には首相マーガレット・サッチャーが訪中し、ここに英中交渉が開始されることになった。

サッチャーは香港の統治を継続できるよう求めていたが、鄧小平《ドンシャオピン》は「港人治港《ガンレンチーガン》」（香港人が香港を統治する）を要求してこれに応じず、最後は武力行使や水の供給の停止などもありうることまで示唆した。今では、英国側が統治権の継続を強く主張しすぎたことが逆効果になったとの見方が有力だ。

一九八四年一二月一九日、両国が署名した中英連合声明が発表され、英国は一九九七年七月一日に香港の主権を中国に返還し、パッテンは王室が差し回した王族専用ヨット「ブリタニア号」で優雅に香港を離れた。香港は中国の特別行政区となった。中国政府は鄧小平が提示した一国二制度をもとに、その後五〇年間（二〇四七年まで）、社会主義政策を香港で実施しないことを約束した。パッテンは回想録『東と西』（*East & West*）を執筆、後にはオックスフォード大学総長の座にも就《つ》いている。

中国への返還は、香港住民を不安に陥《おとしい》れ、このあと香港ではカナダやオーストラリアへの移民ブームが起こった。二〇一七年は返還から二〇年、「一国二制度」も時

国会会期中は常時、両院に国旗「日の丸」が掲揚されている（写真は衆議院本会議場）

に揺らぎ、習近平《シージンピン》は二〇周年記念式典で「独立は決して許されない」旨、演説した。

51　国旗国歌法で議長席の横に「日の丸」　一九九九年一〇月二九日

一九九九年八月九日、国旗国歌法が成立。一〇月二九日からの第百四十六臨時国会から、両院の議長席のやや左後ろに、三脚に竿球《かんきゅう》を付けた旗竿《はたざお》を載せる形で「日の丸」を常時掲揚するようになった。筆者は七月一六日、この法案を審議する衆議院内閣委員会に招《よ》ばれ、公述（全文は官報に掲載）した中で「国旗を教育の場に押し付けるのではなく、この法案が成立した暁《あかつき》には、まず国会議事堂内に日の丸を掲揚されたい」という発言を付け加えていたこともあり、この臨時国会の開会式を傍聴して、掲揚を確認した。

しかし、国会も首相官邸や外務省も、たとえば二〇〇一年の「9・11」同時多発テロ事件や二〇一一年の「3・11」東日本大震災のようなとき、国旗を半旗にしたり、黒いリボンで弔意を示すということが、タイミングとしていつも遅れている。その点は主要国の在京大使館に是非、学んでほしい。

二〇一六年一〇月二七日の三笠宮崇仁親王《みかさのみやたかひと》薨去《こうきょ》の際、多くの在京大使館が半旗にしていたが、霞が関の官庁街はかなり遅れた。残念だった。

52 「９・11」同時多発テロ直後のアメリカ

二〇〇一年九月一一日

国旗は絆《きずな》を強化したり、力の結集を図ったりするために掲揚されることが少なくない。たとえば「９・11《ナイン　イレヴン》」の後のアメリカである。

二〇〇一年九月一一日夜、帰宅してテレビのスイッチを入れると、ちょうど最初の自爆機がニューヨークの世界貿易センタービルに突入するところだった。「これは人間がやることか」と打ちのめされた。

この同時多発テロで亡くなったのは、ハイジャックされた四機の乗客乗員二四六人、国防省《ペンタゴン》での一二五人、貿易センタービルでの二六〇六人。二四人の日本人を含む七〇カ国以上の人々が犠牲になった。ジョージ・W・ブッシュ米第四十一代大統領はこの後、アフガニスタンでアルカイダ殲滅《せんめつ》作戦を展開、また大量破壊兵器保有疑惑とテロリスト支援の報復としてイラク戦争を開始した。大きな犠牲を払いながらも、中東の武力紛争は今日まで及んでいる。

九月二四日、筆者は「9・11」後の最初の便で、ワシントンに飛んだ。家々はもちろんのこと、タクシーや自家用車などあらゆる場所に国旗、国旗、国旗……。スーツの襟元《えりもと》やスーツケースに貼られ、女性のハンドバックにも小さな「星条旗」が結び付けられていた。

このときの感慨は、筆者の幼いころの体験から語らなくてはならないので、しばしおつきあい願いたい。

終戦の前日、一九四五年八月一四日の深夜一一時から翌朝にかけて、わが故郷・秋田市の外港にあたり母の出身地である土崎《つちざき》港町《みなと》が米軍に空襲され、老幼女など非戦闘員二五〇余名が爆死した。筆者は、ずっとこのことに拘泥《こうでい》してきた。

当時、四歳だった筆者は、翌々日にすぐ上の四兄・忠晴《ただはる》とともに疎開先から父に呼び戻された。自転車に乗せて連れて行かれ、筵《むしろ》をかけられただけの死体を見せられたのだ。このときの父の秋田弁での剣幕を今でも覚えている。

「アメリカは、やじゃがね（けしからん）！」
その後も毎年、父はその場所に息子たちを連れて行き、「忘れるな」と教え込んだのであった。思えば、松岡洋右外相が日独伊三国同盟締結のため、秋田県船川港《ふなかわ》（男鹿《おが》半島）からウラジオストクに向けて出発するに際し、秋田市議会議員だった父は役割として見送りに行き、万歳三唱のときに、その外交政策への不信と危険性を感じつつ「バ」だけ大きく叫んで「バッカヤロー……」と声に出したという〝異端者〟である。

こうした幼児体験があるだけに、頭の中では国際社会におけるアメリカの圧倒的な重要性が分かっていても、アメリカに距離を置き、しばしば不当に軽視したり敬遠したりしてきた。憎しみからは建設的なものは何も生まれない、日米同盟が日本の基盤である――そんなことは理解しているつもりなのに。

だが、民間人が何千人も亡くなるという同時多発テロの凄まじさによって、その愚《おろ》かさに気づかされたのだった。だから運航再開第一便で、止《や》むに止まれずワシントンに飛んだ。

「秋田の空襲なんてもんじゃない。あれから六〇年近くも経っているのに、人類の進歩って何なんだ」――機内では、そんな書生論的な愚考を重ねていた。ANAのジャンボ機には乗客が一九人しかいなかった。


筆者が上京した一九六〇年当時は、日米安保条約の改定が最大の政治課題だった。国論が二分し、学業どころではない対立があちらこちらで見られた。その年の秋、日比谷公会堂での「三党首演説会」に早々と出かけた。最前列中央にいた筆者は、浅沼《あさぬま》稲次郎《いねじろう》日本社会党委員長が刺殺される様子をつぶさに見た。

当時から、周辺の同じ世代ではごく少ない日米安保条約改定賛成派だった。日本外交が戦後一貫して日米同盟（日米安保条約）を基軸に安全保障を確保してきたことに間違いはなかったと今でも確信している。

とはいえ、父からの刷《す》り込みもあって、物心がついたころから、アメリカは嫌いだ

同時多発テロ直後から半旗を掲げるワシントンD.C の日本大使公邸。2000年9月22日、筆者撮影

った。第二次世界大戦において、日本に対して原爆投下を含む無差別爆撃を繰り返し行ない、爆撃で多くの非戦闘員を殺害しながら、戦後、公式な反省も謝罪もしていないことを許せないからだ。

新潟県長岡《ながおか》市では、一九四五年八月一日から二日にかけての大空襲で一四七〇人もの人が亡くなった。今、毎年八月二日に「長岡の花火」大会が行なわれるのはその追悼《ついとう》のためである。長岡が空襲されたのは山本五十六《やまもといそろく》元帥の生まれた町だったからなのだろうか。北海道では札幌が空襲に遭わなかったのに、道東の根室《ねむろ》町（当時）が、七月一四日に米軍の大空襲に遭い、町の三分の一が焼失、三六一人もの死者を出した。富山県高岡《たかおか》の部隊に配属された三兄・忠《ただし》（学徒兵で、終戦により進級したいわゆるポツダム少尉）は、地方都市への空襲としては最大の被害（死者約二五〇〇人）となった富山大空襲（八月一日）の悲劇を何度も語ってくれた。

民間人の殺害は、たとえ少数であっても、戦時国際法に違反する重大な戦争犯罪である。よく中国から「日本軍は南京で三〇万人を虐殺した」という言辞が出てくる。しかし、113ページでも紹介したように「あれは政治的な数字、私たちは協力してもっとアカデミックな数字を出したい」という中国における日本研究の専門家も実際にいる。

戦時国際法は「戦闘員が戦闘員を殺したら英雄、戦闘員が非戦闘員を殺害したら殺人犯」と学生に説いてきた筆者としては、謙虚に調査し、分析し、その数字が極端に少なくなろうとも反省すべきは反省することが大事だと思う。

「9・11」と国旗に話を戻そう。世界的悲劇にもかかわらず、同盟国日本の首相官邸や外務省、国会議事堂の国旗がいっこうに半旗にならなかったことは前述した。筆者は翌一二日の朝から、この三つの官衙《かんが》に電話をして、弔意を示すためにすぐ半旗にするようにと申し入れたが、いつまで経っても手応えがなかった。

ワシントンの日本大使館・大使公邸ともども、事件発生直後の午前中から半旗にした。ときの大使は、柳井俊二《やないしゆんじ》氏（現・国際海洋法裁判所判事）である。駐日アメリカ大使館は翌日から、他の大使館はほとんどが二、三日中に、それぞれの国旗を半旗にした。民間では、アメリカ大使館の前にある日本財団が尾形武寿《おがたたけじゅ》常務理事（現・理事長）の指示で、ほとんど東京で唯一、翌朝から半旗にしていた。敬意を表したい。

結局、官邸と外務省は八日後、国会議事堂は九日後の二〇日から半旗にした。この面でも危機管理がなっていない。啞然とした。ちなみに一〇年後の「3・11」東日本大震災では、三者とも二日後から半旗になった。それでも駐日アメリカ大使館より遅かった。

「ニューズウィーク日本版」2001年12月26日号（国会図書館の蔵書から）

53 「星条旗」の星のひとつが……日本はアメリカの属国か？

二〇〇一年一二月

上に掲げたのは二〇〇一年一二月二六日付、週刊誌「ニューズウィーク日本版」の表紙である。米国旗のカントン（星の部分）で星のひとつが「日の丸」になっている。「属国ニッポン」と特大の見出しに「アメリカ追従の『思考停止』から抜け出せるか」との副題。この表紙が読者に与えたショックは大きかっただろう。筆者などは大いに反発もしたのだが、さて、あれから一六年。今、これを見て、あなたはどう思われるだろうか？　複数回答可で答えてみてほしい。

1　いよいよ対米従属の度合いが強くなった
2　あのころから比べれば少しは自主外交を展開している
3　アメリカとの距離はよくも悪くも拡大した
4　アメリカ追従でどこが悪い
5　アメリカにだけではない、中国にも追従して股裂《またさ》き状態になっている
6　所与《しょよ》の国際情勢で、日本外交はそれなりにしっかりやっている
7　二十一世紀になってから、日本にはおよそしっかりした外交のできた政権はない
8　日本人にはＤＮＡとして国際感覚や外交能力に欠けているものがある
9　外交・安保について期待できる政治家が今はいない
10　戦後の政治家で外交・安保で評価できる首相はいたのか。いたとすれば誰？

ところでこの表紙の旗、いかにも米国製である。原反《げんたん》（加工前の生地）、縫い付け、刺繍《ししゅう》で製作されていることにも注目しておきたい。日本にはその技術者が急速に少

なくなってしまっている。次の東京五輪の旗づくりが心配だ。

54 〝アラブの春〟で、世界一単純な国旗が消えた　二〇一一年八月二三日

一九九四年九月一日、リビア革命二五周年を祝う記念式典で、反米欧のデモンストレーションとして、米英仏三国の国旗を踏みながら、緑一色のリビア国旗を高く捧げ持つ女性たちが行進した。ムアンマル・アル＝カダフィが独裁体制を築いたリビアは、つねに反米姿勢を崩さなかった。

カダフィ時代の後半、緑一色の国旗は世界一単純なデザイン（口絵46）だったが、国名は「大リビア・アラブ社会主義人民ジャマーヒリーヤ（大衆による共同体制）国」という世界一長いものだった。

北アフリカのリビア地方は、十六世紀以降オスマン帝国の領土となっていたが、一九一一年にイタリアの植民地となり、第二次世界大戦では、北アフリカ戦線として知られる激しい戦闘の舞台となった。戦後は英仏両国の共同統治領となったが、一九五一年にリビア王国として独立する。このとき、赤黒緑の横三色旗の中央に白い三日月と星という典型的なイスラム教国の国旗（現国旗と同じ。口絵47）となった。

一九六九年、カダフィ大佐がクーデタで王制を廃止、やがて「アラブの統一」を掲げ、エジプトと同じ国旗を採択した。ところが一九七七年一一月、エジプトのサダト大統領（当時）が仇敵《きゆうてき》イスラエルを訪問（同大統領はこのことでノーベル平和賞を受賞）した。これに抗議したカダフィは、即座に緑一色の国旗へと変更したのだった。

緑一色はいささか奇異にも見えるが、緑はイスラム教の預言者ムハンマド（マホメット）のターバンの色ともコートの色ともいわれ、聖なる色、高潔な色とされている。各国の国旗専門家の間では「イスラム世界で、短期間に国旗を全面変更するとなるとこれしかない」と一致していた。

二〇一一年二月、隣国チュニジアの「ジャスミン革命」の影響を受けて、独裁政権のカダフィに退陣を求める反政府デモが発生、王政時代の国旗を掲げて武力闘争を開始した。これに対し、カダフィは国民に対し徹底抗戦を呼びかけ、傭兵《ようへい》を駆使して抵抗したが、NATO軍の空爆やアラブ諸国からの軍事介入を招くことになった。

カダフィは八月二四日までに〝要塞〟とも言われた広大な邸を脱出したが、一〇月二〇日、旧政権派の拠点であったスルト（リビア中央部の地中海沿岸都市）周辺に逃げ隠れていたところを、反政府勢力に見つかり射殺された。これにより、首都トリポリをはじめ全土が反カダフィ勢力に制圧され、独裁体制は名実ともに崩壊した。

暫定的にリビア共和国となった二〇一一年からは、リビア王国として独立したときの国旗が復活し、現在に至っている。

駐日リビア大使館では、同年八月二三日に国旗を王政時代のものに戻した。注文を受けた在京の旗屋さんから、「本当に昔の旗でいいんでしょうね」と、不安げな確認電話があったことが思い出される。

55　スコットランド独立の夢

二〇一五年九月三日

青地に白のセント・アンドリュー・クロス旗が、35ページで述べたスコットランドの国旗（口絵4）である。これはX型の十字に架けられて殉教《じゅんきょう》した一二使徒の一人、スコットランドの守護聖人であるセント・アンドリュー（聖アンデレ）を象徴する旗だ。

この旗は現在も用いられている、世界で最も古い国旗のひとつで、その歴史は八～九世紀まで遡《さかのぼ》るという。サッカーの国際大会で、スコットランドはセント・アンドリュー・クロス旗を掲げて参加している。これは、ＦＩＦＡ（世界サッカー連盟）にはイングランド、スコットランド、ウェールズ、北アイルランドの四カ「国」が、独立した競技団体の資格で加盟しているためだ。

二〇一五年九月三日にスコットランドの独立を問う住民投票が行なわれた。結果は賛成四四・七二％、反対五五・三〇％で、スコットランドの分離・独立はとりあえず否決された。しかし、その後の地方議会選挙では独立志向が強まっており、また、二〇一六年六月二三日の国民投票でイギリスのEU離脱（ブレグジット）が決定、今後の動きによっては捲土重来《けんどちょうらい》、EU残留派が圧倒的に多いスコットランドで再投票など、歴史的な大変化があるかもしれない。

その場合には「ユニオン・ジャック」を国旗に持つオーストラリアやニュージーランドをはじめとするオセアニア諸国の国旗にも当然影響が出るだろう。またスペインからの独立を志向している人の多い、バルセロナを中心とするカタルーニャ地方にも少なからざる影響をもたらすのではあるまいか。

カタルーニャ自治州のカルレス・プチデモン首相は二〇一六年九月二十八日、「来年九月にも分離独立を問う住民投票実施する」という意向を表明した。そのための法整備を行ない、六月末にスペイン議会に諮《はか》るという。同州は二〇一四年にも住民投票を強行しているが、今後、中央政府との緊張が高まると予想する向きが多い。

56　ニュージーランドの国旗変更は果たされず

二〇一六年三月二四日

二〇一五年末、ニュージーランド（NZ）で国旗変更に関する国民投票が行なわれ、新国旗の候補五案から、この国が誇るラグビーチーム「オールブラックス」のシンボルにもなっているシルバー・ファーンの葉と南十字星を描いたデザイン（口絵48）が選ばれた。

シルバー・ファーンはNZに自生する大型のシダの一種で、その葉は夜も月光で光るので、原住民であるマオイ族の人たちが夜道を歩くときにそれを頼りにしたという、NZを象徴する植物だ。その上で、二〇一六年三月三日から二四日にかけて、新国旗とこれまでの国旗（口絵49）とで決選投票が行なわれたのだ。

国旗変更を推進してきたのはジョン・キー首相率いる中道右派の国民党政権。首相は投票開始に際し、ラジオ局との会見で、シルバー・ファーンは国家のシンボルだと主張。「国旗の変更は国家的な矜持《きようじ》、母国の認識に関係し、世界にNZの偉大さを示す問題」とし、現行の国旗ではそれは実現しないと強調した。

ＮＺは、国民党を率いるキー首相が「オーストラリア（口絵50）と間違われるのは嫌だから」と、国旗の変更を公約にして政権を獲得している。「イギリスの植民地ではないデザインに変えよう」という意見も多かった。

公募で寄せられた一万〇二九二の変更案を、選考委員会による四〇の案に限定。さらに四案まで絞りこんだのだが、どうもパッとせず新たに一案を加えて五案になり、そこから選ばれた新国旗案「シルバー・ファーンの葉と南十字星」だったのだが、結局、国旗の変更は国民の支持を得ることができなかった。五五・六％が「従来のものを継承すべし」という最終投票結果だった（投票率六七・七八％）。

これはイギリスとの強い結びつきを維持したい人が多いこと、「この旗の下《もと》で、命がけで国を守ってきた」という退役軍人の人たちが大勢いること、新しい案が五案も出され、票が割れたことなどが、この結果になった原因かと思う。ＮＺの国旗は一九〇二年に議会で制定されたもので、ことに在郷軍人会の反対が強かったようだ。国旗の下に戦ってきた人々の気持ちを汲めば、それも当然かと思う。

一九〇七年九月二六日、イギリス連邦内の自治領となったNZは、第一次世界大戦では志願兵によるオーストラリア・ニュージーランド軍団（ANZAC《アンザック》）を結成した。

とくに知られるようになったのは、オスマン帝国の首都イスタンブール近郊、ガリポリでの敵前上陸作戦だ。オーストラリアとNZは、ボーア戦争に義勇兵を送ったことはあったが、本格的な参戦は初めてだった。上陸作戦が開始された四月二五日は、オーストラリア、NZ両国で「アンザック・デー」として、国民の祝日となっている。

ところが英仏やANZACの連合軍は、オスマン帝国を中心とする同盟軍の激しい抵抗に遭い、大きな損害を出して敗退する。戦況は従軍記者によって報道され、両自治領の人々に大きな衝撃を与え、これが独立国家へと進む一因となった。

だが、このときのNZの国旗を掲げた最初の本格的な戦いで、NZ軍の勇気と活躍を世界が評価した。その後は「わがNZ軍は一度も敗れたことがない」と、国際会議などで胸を張る。

だから、国旗変更に至らなかった原因には「ガリポリの戦い以来、われわれはこの国旗の下、命を懸けてNZに尽くしてきたのだ」という在郷軍人たちの強い思いがあったと報じられている。

一方、オーストラリアでは二〇一六年一月にオンライン投票が行なわれ、六四%が「国旗のデザインを変えるべき」と答え、変更するなら「Southern《サザン》 Horizon《ホライズン》」と呼ばれるデザインが一番人気という。現在の国旗の星の部分を上に、黄色と緑の波状の帯が下に付くデザインである（口絵51）。

57 五輪初参加のコソボが柔道で金メダル

二〇一六年八月七日（現地時間）

「コソヴォーッ！　コソヴォーッ！！」

叫んだのは筆者である。リオ五輪柔道女子五二キロ級準決勝でのこと。コソボのマイリンダ・ケルメンディ選手が、「日の丸」に「自然体」と書いて大会に臨んだ日本の中村美里《なかむらみさと》選手（世界選手権で三回優勝）と対戦するや、会場で何度か絶叫した。

隣の席はサンパウロから来たという日系人家族だった。父親が怪訝《けげん》な顔で筆者を見て、最後は小さな声だったが「非国民！」となじった。無理もない、その直前まで日本語で話をし、ともに日本選手を応援していたのだから。

だが、「難民を助ける会」の活動を通じ、過去、四半世紀にわたってコソボの人たちの苦悩をフォローしてきた筆者としては、両選手がタタミで向き合ったときから胸が締め付けられる思いだった。


コソボ共和国が位置するバルカン半島の付け根部分は、民族や宗教が複雑に入り交じっており、長く紛糾してきた歴史がある。第一次世界大戦後、ユーゴスラビア王国の一部になり、第二次世界大戦後、ユーゴスラビア連邦人民共和国が成立すると、コソボ一帯はセルビア共和国内の自治州とされた。

一九九〇年代、独立運動の過激さが強まると、これを抑《おさ》えようとするセルビアとの武力衝突が起こり、民族や宗教が絡むだけに凄惨な戦いとなった。やがて国連やEUが調停に乗りだし、一九九三年三月からはNATO軍がセルビアを空爆する事態に至ったことを覚えている方も多いだろう。

そうした悲劇を経て、コソボ共和国は二〇〇八年二月一七日に正式に独立を宣言、ひと月後の翌三月一八日、日本は福田康夫《ふくだやすお》内閣が国家として承認した。しかし、二〇一七年七月現在、国連加盟一九三カ国中、この国を承認しているのは一〇八カ国（ほかに台湾とマルタ騎士団が承認）程度に留まっている。

欧米諸国や日本などがコソボを承認したことに、セルビアはもとより、自国にも同じような少数民族問題を抱えるロシアや中国が鋭く反発している。これが国際社会に適用されると自国内が混乱するという直接的利害があるからだ。だから「欧米にも、国内に独立運動を抱えた国があるではないか。それを抑え込んでおいてコソボを承認するのは二重規範《ダブル・スタンダード》だ」と難詰《なんきつ》するのだ。

これに対し欧米諸国は、セルビアのコソボ対策はあまりに非人道的であり、一般例とは違うと反論。ある研究会で「スコットランドやカタルーニャが住民投票で独立を決定すれば済むという問題ではない」「日本だって横浜の中華街が勝手に独立だと言ったら認めるのか」といった比喩まで出た。

要は、その投票の過程が中央政府の認めるものだったか否かが重要なのだが、コソボは例外だった。コソボは近代の国際政治において、その最初の事例と言っていい。セルビアによる非人道的取扱いに対して国際社会が干渉したという結果だった。あえて類例を挙げるならば、一九七一年のバングラデシュ、一九九三年のエリトリアが分離独立したケースだろうか。

コソボの国旗（口絵52）は独立を支援したＥＵと国連の旗に共通な青地に、国土のシルエットを描き、六つの県を星で並べたものである。ヨーロッパの国旗で星が付いているのはこの国旗と、やはりユーゴスラビアから分裂して、戦乱の末に建国したボスニア・ヘルツェゴビナ（一九九二年に国連加盟）だけだ。両国ともEUが建国に際し大きな役割を担ったことから、EU旗の青と星を援用《えんよう》したのである。

スポーツの世界も、残念なことに政治の壁に翻弄《ほんろう》される。こうした事情から、ケルメンディ選手は祖国からの五輪参加に制約を受けてきた。

彼女は、国際大会では国際柔道連盟（IJF）や、パスポートを受給している隣国アルバニアの選手として参加してきた。たとえば二〇一四年八月にロシアで開催された世界選手権では、ロシアがコソボ市民へのビザ発給を拒否しているため、アルバニアのパスポートで入国、IJFの名義で戦っている。決勝でルーマニアのアンドレア・キトゥ選手を破って二連覇を達成したが、表彰式で掲揚されたのはIJFの旗で、国歌ではなくオリンピック賛歌が流された。

しかし同年一二月、IOCはコソボのNOC（オリンピック委員会）加盟を正式に承認。ケルメンディ選手はリオデジャネイロ五輪に、コソボ代表で出場することができた。報道によると、彼女には他国から国籍変更のオファーも届いていたという。しかし、あくまでも「コソボ代表」にこだわり、リオでようやく実現したのである。

二〇一六年八月五日のリオ五輪開会式では、旗手として念願の国旗を手に入場行進した。一五七センチの身長が、二回りも大きく見えた。翌日の「毎日新聞」には、ケルメンディ選手が「歴史的な瞬間だった」と声を詰まらせた、とある。

祖国コソボに初めての金メダルをもたらしたマイリンダ・ケルメンディ選手（共同）

五輪三日目が女子柔道だった。筆者が思わず叫んだ準決勝、世界チャンピオンの中村美里選手とは初めての対戦だった。序盤で中村選手が指導を受けると、ケルメンディ選手はそれを守り抜いて勝った。そして迎えた決勝。畳に手を当て、祈るようにしてから臨むと、イタリアのオデッテ・ジュフリーダ選手を開始二九秒、得意の内股で有効を奪って勝った。とうとう祖国に、初の五輪金メダルをもたらしたのだ。

コソボの歴史で初めて、いちばん高い場所に国旗が上がり、国歌が流れた。金メダルをさげたケルメンディ選手は、表彰台のいちばん高い場所で涙を何度もぬぐっていた。その後のインタビューで、帰国後は自らを鍛えた道場「IPPON《イッポン》」で子どもたちに柔道を教えつつ、二〇二〇年の東京五輪を目指すと語っていた。

コラム　歌詞のないコソボ国歌

二〇一二年のロンドン五輪では、ケルメンディ選手は隣国アルバニアの代表として出場、九位だった。リオ五輪では念願の祖国コソボの代表として出場し、頂点に立ったのは前述の通り。表彰式ではもちろん国旗が掲げられ、国歌も流れた。

国歌について不勉強な筆者は「コソボに国歌はあるのだろうか。まさかオリンピック賛歌や〝第九〟の歓喜の歌では？」とさえ思ってしまった。すぐ後ろの席に陣取っていたコソボ選手団に訊《き》くと、「ロンドンでの五輪（二〇一二年）に間に合うように国歌が作曲されたが、歌詞はまだない」という。

帰国後、オペラ歌手で国歌の専門家でもある新藤昌子《しんどうまさこ》さんに確認すると、「コソボの国歌は公募により二〇〇八年六月一一日、『ヨーロッパ』という題名の曲が選定されました。作曲者はメンディ・メンジジ、ＥＵへの敬意からつけられた題名と言われています。国旗もＥＵと似ているように思います。国内に言語が二つあるので民族間（アルバニア人とセルビア人）の問題に支障が起きないように、歌詞は付けられていません」とのことだった。ほかにスペイン、サンマリノ、モーリタニア、クウェートも国歌に歌詞がないという。

58　五輪優勝で国旗変更を取りやめたフィジー

二〇一六年八月一七日

南太平洋に浮かぶフィジー共和国。珊瑚礁《さんごしょう》が美しい三三〇もの島々から構成される楽園のような国だが、先住民の血を引く島民と、英国の植民地政策でインドから渡来した人たちとの対立に加え、軍と民との抗争、英国との関係をめぐる意見の対立、それに親太平洋諸国派と対中関係に距離を置く人たちなどが複雑に絡んで、ここ二〇年ほど多難な政局が続いてきた。

この間、国旗の変更も取り沙汰されてきた。二〇〇五年には議会で現在の国旗（口絵53）に描かれている国章（サトウキビ、バナナ、ハト、ヤシの木など）を、独立前の国旗（口絵54）にある二人の人間を描いた紋章に戻すべきだとの決議がなされている。

二〇一五年二月には、海軍出身のジョサイア・ヴォレンゲ・バイニマラマ首相が「ユニオン・ジャック」が描かれている現在の国旗は「英植民地時代の名残《なごり》で時代遅れ」と批判し、変更すると表明した。公募によって「真の独立国家の象徴」となる新国旗（口絵55）を選定することを公約にした。そして二三案を検討し、同年一〇月一〇日の四五回目の独立記念式典で新国旗を掲げる方針だったが、実現しなかった。調査では八六％の国民が、国旗の変更の可否を問う国民投票が望ましいと回答する一方、現在のデザインを変更しなくてもよいとする回答も五三％あったという。二〇一二年にはエリザベス女王の誕生日を祝日から外し、硬貨や紙幣にあった同女王の肖像をフィジーの国章に変えた。

国旗の変更がこのように模索されたものの、決まらないまま、リオ五輪を迎えた。ところが、この五輪で新たに採用された七人制ラグビー男子の決勝が二〇一六年八月一一日に行なわれ、フィジーが英国と対戦した。

試合開始直後から優勢だったフィジーは、高いボール保持率で、前半だけで五つのトライを決め、四三対七で圧勝した。ちなみに準決勝でフィジーと対戦した日本は、五対二〇で敗れている。

これはフィジーにとって史上初の五輪メダルとなった。試合終了《ノーサイド》の笛に、フィジー・ラグビー連盟会長でもあるバイニマラマ首相は喜びを爆発させ、表彰式での国旗掲揚、国歌演奏に「深く感動した」として、国旗変更の公約を撤回した。八月一七日の「声明」で、国旗変更の持論は捨てないものの「当面は現国旗を変えるべきではないことが明らかになった」とし、「国旗変更中止で浮いた予算は二月の大型サイクロンの被害復旧に充《あ》てる」と表明した。

『現代用語の基礎知識』（自由国民社）で、五〇余年前から国旗の図表や解説に関わってきた筆者は、同書の〝最長不倒著者〟を自負している。毎年、国が増えたり、合併したり、国旗を変更したりするので、在京フィジー大使館には何度か問い合わせてきたが、「近く変更になると聞いている」というだけだった。

フィジーの政治や国旗がこれで完全に落ちつくのかは確信が持てないし、フィジーと英国やオーストラリア、NZとの関係も多事多難、せめて国旗の変更が血の争いの結果ではないことを祈るのみだ。

59　真珠湾に日米両国の国旗

二〇一六年一二月二八日

日本側は〈奇襲《サプライズ》〉と呼びアメリカンは〈卑劣攻撃《スニーキー・アタック》〉と呼ぶパール・ハーバーを

これは二〇一七年一月二三日付「朝日新聞」の「朝日歌壇」に載った郷隼人《ごうはやと》の作。郷は殺人罪で米国の刑務所に無期囚として収監されている。筆者には心惹《ひ》かれる短歌が多く、胸に迫ってくる。獄中から書簡をいただいたこともある。

その真珠湾を二〇一六年一二月二七日（日本時間二八日）、安倍晋三《あべしんぞう》首相が訪問し、「和解の力」と題して演説した。オバマ大統領やハリス米太平洋軍司令官はじめ、旧米兵、日系人などを前に、同首相は七五年前の「真珠湾攻撃《パール・ハーバー》」を想起させながら、和解に達した日米関係の重要性について述べた。

両国の最高首脳がこの場を同時に訪問したのは初めてのことである。二人の演説は珍しく（？）感動的であり、高潔な内容だった。

安倍首相は「勇者は、勇者を敬《うやま》う」というアンブローズ・ビアス（風刺辞書『悪魔の辞典』で知られるアメリカの作家）の詩を引いて、「この地で命を落とした人々のみ霊《たま》に、ここから始まった戦いが奪った、全《すべ》ての勇者たちの命に、戦争の犠牲となった、数知れぬ、無辜《むこ》の民の魂に、永劫《えいごう》の、哀悼の誠をささげます」と述べた。

さらに「戦争の惨禍は、二度と、繰り返してはならない。私たちは、そう誓いました。そして戦後、自由で民主的な国を造《つく》り上げ、法の支配を重んじ、ひたすら、不戦の誓いを貫《つらぬ》いてまいりました。戦後七〇年間に及ぶ平和国家としての歩みに、私たち日本人は、静かな誇りを感じながら、この不動の方針を、これからも貫いてまいります」と厳《おごそ》かに約束した。

続いてオバマ大統領が「米国民を代表して安倍首相の来訪に感謝する」と述べ、日系米国人二世で編成され欧州戦線で死闘を展開した第四四二連隊を讃《たた》え、真珠湾攻撃で被弾後自爆した飯田房太《いいだふさた》海軍中佐の勇気を讃えた。そして「和解の力や両国民間の

真珠湾攻撃の追悼施設「アリゾナ記念館」（奥）を訪問後、演説する日米両首脳（時事）

同盟の強さを物語るものだ」とし、「和解は報復よりも多くの恩恵をもたらす。戦争の中からよりも、平和の中から勝ち取るもののほうが多いというメッセージを世界に送りたい」と結んだのだった。

その日の「読売新聞」一面のコラム「編集手帳」には「数年前、ある大学で『真珠湾ってどこにある？』と尋ねたところ、『三重県です』と答えた学生がいた」とあった。実は、これは都内の女子大学で筆者が学生に訊いたときの答えだった。このとき、「日本とアメリカは戦争をしたことがない」と答えた学生も九六人中、二一人もいた！

日本の若者たちの常識の欠落をそのままにした「一八歳投票権」には、民主主義が陥《おちい》りやすい大衆主義《ポピュリズム》の危険が包含《ほうがん》されているのかもしれないと、今、本気で憂慮している。

60 未知数の政治家・トランプ大統領就任

二〇一七年一月二〇日

第四十五代アメリカ大統領ドナルド・J・トランプ氏の大統領就任式《イノギュレーション》が、二〇一七年一月二〇日、首都ワシントンDCで行なわれた。「天使の歌声」と賞賛される一六歳、ジャッキー・エバンコの国歌独唱の素晴しさが印象的だった。

この就任式にはいくつかの特徴がある。
①就任式に集まった人たちのほとんどが白人だったこと、②その数が八年前のオバ

（上）ワシントンの議会議事堂前で挙行される大統領就任式では、現在の国旗を中心に、独立当時の13星「星条旗」（2種類）が掲揚される（NHKの中継画面から）
（下）就任式で聖書に手を置き宣誓する新大統領（AFP＝時事）

マ前大統領の一期目の就任式よりはるかに少なかったこと、③招待された著名人の中にあえて出席を拒否した人が続出したこと、④一期目の大統領として就任時七〇歳というのは最高齢であること、⑤それまでに行政、政治、軍事の経験がないこと、⑥就任演説で外交・安保にほとんど触れず、経済や雇用、インフラ整備、移民問題を中心として国内問題に終始したこと——などを指摘したい。

ところで、この就任式、前ページの写真にあるように、新大統領が聖書に手を触れつつ宣誓する背景には、毎回、中央に現在の五〇星の国旗を掲げ、その両脇に一七八三年の（独立当時）に使われた一三星の「星条旗」が二種類掲げられる。五枚の旗で建国以来の歴史と、建国の精神を示すものと理解される。

トランプ大統領の評価をめぐる輿論《よろん》が大きく分裂し、政治的混乱が続くアメリカと米国民にとって「星条旗」は具体的に国家と国民を統合する、まさに象徴となっているのだ。

本書55ページ（4項）で記したが、アメリカの国歌「星条旗」は、戦火に耐えて翻る「星条旗」に感銘した詩人が書きとめた詩を曲にはめつけたものだ。四番まであり、最後はこのような歌詞で終わる。

'And the star-spangled banner in triumph shall wave, O'er the land of the free and the home of the brave!'（勝利の凱歌《がいか》の中、星をちりばめた旗は翻る。自由の大地、勇者の故郷の上に／拙訳）

「アメリカ・ファースト」を標榜《ひょうぼう》し、未知数の政治家として船出したトランプ大統領だが、就任から一〇〇日あまりを超えてロシアゲート疑惑、地球温暖化対策の国際的枠組であるパリ協定からの離脱問題、北朝鮮のＩＣＢＭなど、それこそ未知の難問に直面している。果たしてトランプ大統領は、勝利の凱歌の中で「星条旗」を翻らせることができるのだろうか。

61　米大統領の三聖地訪問外交の危険

二〇一七年五月一九〜二六日

北朝鮮との厳しい対立が続く中、アメリカのトランプ大統領は中東・欧州五カ国への初外遊を果たした。最初に降り立ったのはサウジアラビア。イスラム教徒を入国禁止にするという政策を就任早々から実施したトランプが、大統領としての最初の訪問国をサウジとしたのはいささか意外だったが、首都リヤドでは、湾岸協力会議（GCC）首脳らとの会議に出席し、さらにイスラム圏五〇カ国以上の指導者を集めた大規模な会合を開いた。

一連の会合では、ＩＳ（自称＝イスラム国）など過激派組織掃討に向けた協力を確認し、報道によれば、特にこれらの組織に資金援助をしているカタールに対して厳しい対応をするよう求めた模様である。サウジやＵＡＥ（アラブ首長国連邦）など中東のイスラム五カ国は、六月に入るやカタールに対して国交を断絶、経済制裁を発し、アメリカはこれを支持、七月に入っても制裁が終わりそうにない。

2017年5月23日、イスラエルのエルサレムを訪れたトランプ大統領。隣はネタニヤフ首相。両国の国旗が並ぶ（AFP＝時事）

トランプは次いでイスラエルを訪れ、エルサレムの「嘆きの壁」の前で「平和を祈った」ほか、ベンヤミン・ネタニヤフ首相と会い、次いでヨルダン川西岸のベツレヘム（キリストの生誕地）でパレスチナ自治政府のマフムード・アッバス議長と会談した。ただ、三年前から止まったままの双方の和平交渉再開へ向けた具体的な提案がなされたわけではなく、空虚な言葉だけが飛び交っただけだったとされる。米大統領がイスラエルとパレスチナを訪問するということの歴史的とも言うべき期待と行動の重大性を考えれば、中身のない「観光客のような訪問」という批判も否定できない。

ただ五月二四日には、バチカンでローマ法王・フランシスコ一世と会談した。ここまでの訪問で、ユダヤ、イスラム、カトリックの聖地というべき中心地を訪問したことになり、異教徒間の融和を演出しようとしたのかもしれないし、大統領としての幅を広げ経験を積み重ねた外遊とも言えよう。だが、宗教を外交に利用するのは危険な戦略でもある。パレスチナ問題の本質は宗教ではなく、政治的に解決するほかないからである。

バラク・オバマ前大統領が初めてイスラエル・パレスチナを訪問したのは、二期目の初めである二〇一三年春であり、二〇〇一年に就任したブッシュJr.元大統領は二期目の最後の年である二〇〇八年五月だった。この二人は所属政党も対外政策についての基本的方向性も大きく異なるが、それぞれが自分の任期中にパレスチナ問題の解決に向けて何らかの合意という結果を出そうとして努力した。

これに対し、トランプ大統領の場合は、テルアビブからエルサレムへの米大使館移設、イスイラエルのユダヤ人入植地の拡大固定化など、難題には具体的な問題提起もなく、聖地訪問で終わった。本格的な政治的取り組みから目をくらませるような動きであるといっても差し支えなかろう。和平仲介者としての準備もいかにも不十分であり、さしたる決意もないというのは、超大国の大統領としての自覚が余りにも不足していると言わざるをえない。

コラム　アラブ・イスラムの四色物語

イスラム諸国の国旗には、①黒緑白赤の四色の配色のものが多いが、②「コーラン（クァルアーン）」冒頭のシャハーダや「アッラーフアクバル（アッラーは偉大なり）」と書く旗もあり、③月と星を描くものもある。

①は、ヨルダン（口絵56）、イラク、アラブ首長国連邦、クウェート、シリア、アフガニスタン、スーダン、リビア、パレスチナ、西サハラ。以上の一〇カ国は、こ

の四色だけの組み合わせで国旗が構成されている。
②の聖句は、サウジアラビア（口絵57）、アフガニスタン、イランの国旗に見られるもので、ＩＳ（自称＝イスラム国）も黒地に「アッラーフアクバル」と白抜きしたものを用いている。
③の「月と星」はトルコの国旗に由来し、東に向かうとパキスタン、モルディブ、マレーシア、シンガポール。中央アジアに目をやるとウズベキスタン、トルクメニスタン、アゼルバイジャンの国旗に登場する。
実は、新疆《しんきょう》ウイグルのイスラム教徒たちが東トルキスタンとして独立を目指す旗印が、白地に青の三日月と星。独立運動の最高幹部から直接聞いた話だが、「中国の国旗のイメージとまったく違うものを」と、このデザインを選んだそうだ。

ところで、黒白緑赤の四色は「汎《はん》アラブ色」または「イスラム・アラブ色」と言われ、アラブのイスラム各国の国旗に共通の色である。

なぜイスラム諸国の国旗はこの四色が基本なのか。結論から言うと、諸説あって依然はっきりしていない。一九〇九年にオスマン帝国の首都イスタンブールにいたアラブ人民族主義者の団体「文学クラブ」（アラブ知識人委員会）が、十三世紀のアラブの詩人サフィアル・ディナ・ヒーリーの詩に基づいて黒・白・赤・緑を選んだというのは有力な説ではある。しかし、パリに留学していたアラブ人学生らによる「青年アラブ協会」（アル＝ファタート）が最初に使ったという話もある。さらには、英国のマーク・サイクス卿（「サイクス・ピコ協定」を締結した外交官）がデザインしたのが最初という説さえある。

しかし、いずれにせよ、フサイン・イブン・アリー（一八五三〜一九三一）がここで決定的な役割を果たしたのは事実だ。広範な青年たちの支持でメッカの太守《シャリーフ》に推戴され、第一次世界大戦時に、ドイツに与《くみ》したオスマントルコ帝国に対し「アラブ反乱」を指揮した人である。大戦後はヒジャーズ王国の国王にもなった。

62 これからの「変わるかもしれない」国旗　二〇××年？

各国の政治事情や国際情勢の変化により、国旗はしばしば変更される。

二〇一六年三月三日の決選投票で、キー首相が熱心に主唱したニュージーランドの国旗変更案は否決された。これは最初にたくさん案があって、公募中に票が割れてしまったことが大きな原因の一つと見られている。が、かねて同じように英国色を薄めようという機運のあったオーストラリアでは、もっと時間をかけて政治問題化を回避し、ほとんど案を一つに絞った。260ページで前述した「Southern Horizon（南の水平線、SH旗）」と呼ぶデザインだ。

西シドニー大学のベンジャミン・ジョーンズ教授が中心になって、もともと六つの案を用意し、二〇一六年一月二六日（オーストラリア・デイ）を締め切りとするネットによる投票を呼びかけた結果、SH旗が断然、終始一番人気だった。この投票には八一四〇人が参加し、そのうち六四二七人がこれを支持（七九％）した。したがって、現在の国旗を継続して維持すべき、と考えている人は少ないというほかない。

波状の帯は、オーストラリアの丘と平原を表わしている。オーストラリアにとっては英国との距離をどうすべきかという、古くて新しい問題があるわけで、もし国旗から「ユニオン・ジャック」が消えるとなると、ニュージーランド、フィジー、クック諸島、ニウエなどいくつかの国旗への影響は避けられまい。

アメリカ合衆国は一九五九年八月二一日にハワイが州に昇格したことにより、翌年七月四日（米国の独立記念日）以来、「星条旗」は五〇星になった。

しかし、プエルトリコやグアム、米領ヴァージン諸島、米領サモアなど、オリンピックには独自のチームで参加している例もあるし、はたまた、首都ワシントンD.C.（コロンビア特別区）などが州または州と同格になるという事態が生じたら、国旗にさらに星が増えるかもしれない。現に、一部には現在の州の分割を主唱するグループもいる。そんな経過はともかく、すでにアメリカでは軍が五一星の「星条旗」のデ

51星の米国旗。米陸軍が提案している有力な2案

ザイン案を用意しているのである。

首都であるワシントンD．C．の人口は約六〇万、ロッキー山脈に位置するワイオミング州より多い。しかし、住民は一九六一年まで、国政への参加権も自治権もなく、この年の改正でようやく大統領選挙では三名の選挙人（アラスカ州と同じ）を選出できるようになった。それでも、下院ではオブザーバー扱いだし、上院議員を選出できない。

「五一番目の州は、日本だ、カナダだ、イスラエルだ」などという悪い冗談も聞かれないわけではないが、世界の未来は軽々に予想できないので、引き続き注視し続けるほかない。

吹浦忠正　ふきうら・ただまさ

1941年、秋田市生まれ。早稲田大学大学院政治学科修了。現在、NPO 法人世界の国旗研究協会会長兼理事長、NPO 法人ユーラシア21研究所理事長、朝日新聞社フォトアーカイブ担当アドバイザー、法務省難民審査参与員。オリンピック東京大会（1964）組織委員会国旗担当専門職員、長野冬季オリンピック大会（1998）組織委員会儀典担当顧問、埼玉県立大学教授を歴任。「国旗と儀典の専門家」として知られ、「週刊新潮」で「オリンピック・トリビア」連載中。国旗関連の著作は45点以上にのぼる。2018年度からの「道徳」の教科書に主人公として登場。TVにも多数出演する。

国旗《こっき》で読《よ》む世界史《せかいし》

吹浦忠正《ふきうらただまさ》

2017年 9 月10日　初版第 1 刷発行

発行者………………辻 浩明
発行所………………祥伝社《しょうでんしゃ》
〒101-8701　東京都千代田区神田神保町3-3
電話　03(3265)2081(販売部)
電話　03(3265)2310(編集部)
電話　03(3265)3622(業務部)
ホームページ　http://www.shodensha.co.jp/

装丁者………………盛川和洋
印刷所………………萩原印刷
製本所………………ナショナル製本

Printed in Japan　ISBN978-4-396-11515-9　C0220

〈祥伝社新書〉
話題のベストセラー！

412
逆転のメソッド
箱根駅伝も
ビジネスも一緒です
箱根駅伝連覇！　ビジネスでの営業手法を応用したその指導法を紹介
青山学院大陸上競技部監督
原　晋

491
勝ち続ける理由
一度勝つだけでなく、勝ち続ける強い組織を作るには？
原　晋

420
知性とは何か
日本を襲う「反知性主義」に対抗する知性を身につけよ。その実践的技法を解説
作家・元外務省主任分析官
佐藤　優

415
信濃が語る古代氏族と天皇
日本の古代史の真相を解く鍵が信濃にあった。善光寺と諏訪大社の謎に迫る
歴史作家
関　裕二

495
なぜ、東大生の3人に1人が公文式なのか？
世界で最も有名な学習教室の強さの秘密と意外な弱点とは？
育児・教育ジャーナリスト
おおたとしまさ